HISTOIRE D'ANTONY.

CORBEIL, typographie de CRÉTÉ.

HISTOIRE

D'ANTONY

ou

RECHERCHES FAITES SUR CETTE LOCALITÉ,

PAR

L'ABBÉ ENJALVIN,

CURÉ D'ANTONY,

OFFICIER D'ACADÉMIE, CHANOINE HONORAIRE DE MENDE.

ANTONY,

CHEZ L'AUTEUR,

ET CHEZ M. GAMBIER, MARCHAND ÉPICIER AU PONT.

—

MDCCCLII.

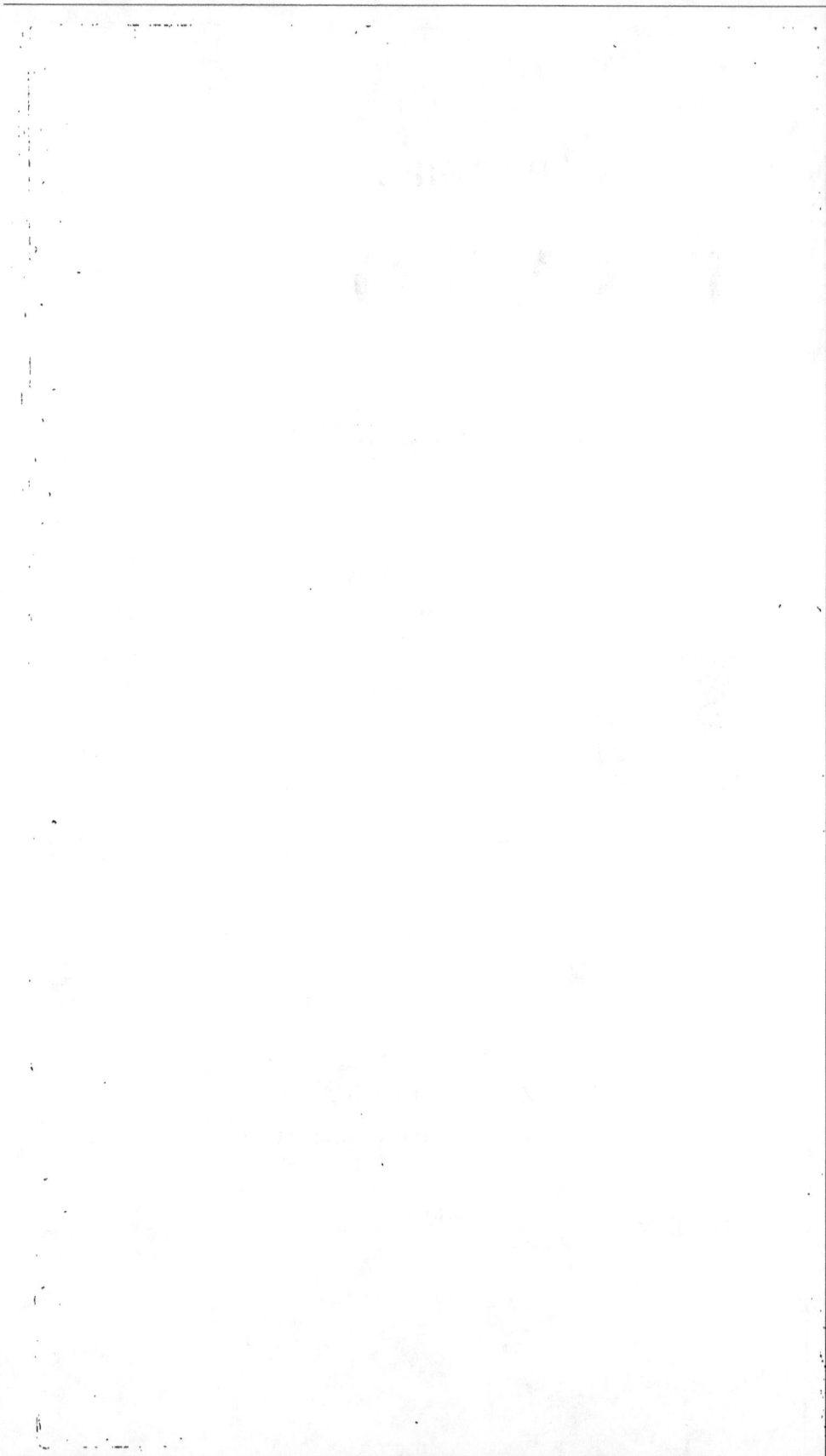

AVIS PRÉLIMINAIRE.

Je ne dois pas laisser ignorer au public à quelle occasion ce petit ouvrage a été écrit et pour quel motif il a été livré à l'impression.

Par une circulaire du 1ᵉʳ février 1846, feu Monseigneur l'archevêque de Paris, d'heureuse mémoire, Auguste Affre, le martyr de la charité, avait demandé aux curés du diocèse : 1° une copie des actes de baptême et de mariage de leur paroisse, destinée à réparer la perte des doubles registres anéantis lors du pillage de l'archevêché en 1830 ; 2° un mémoire détaillé sur l'église, le presbytère, la fabrique, le cimetière, les écoles, la population, l'esprit religieux de chaque paroisse.

Je m'empressai d'exécuter les ordres de Monseigneur, et en faisant mes recherches je trouvai une grande quantité de matériaux étrangers à l'administration diocésaine, mais qui ne le sont pas à la paroisse d'Antony.

1

Il m'a suffi de remettre à l'archevêché les réponses aux questions posées dans le programme de Monseigneur ; mais je ne devais pas livrer à l'oubli le résultat de mon travail, qui n'est pas sans intérêt pour les habitants du pays, et j'ai fait imprimer mon manuscrit.

Tout historien doit rassurer les lecteurs sur l'authenticité des faits qu'il rapporte. Je vais donc faire connaître d'abord quelles sont les sources où j'ai puisé les faits dont je vais faire l'exposé.

J'ai pris dans les divers historiens de Paris, principalement dans l'abbé Lebeuf, tout ce qu'ils ont dit touchant Antony.

Mais il existe dans les archives nationales, palais Soubise, un manuscrit relié en deux volumes in-folio, écrit par les soins de l'abbé et des religieux de Saint-Germain-des-Prés à Paris, seigneurs temporels d'Antony.

Cet immense recueil, qui porte le titre de *Cartulaire*, contient des copies d'une infinité d'actes de toute nature, émanés du pouvoir seigneurial de cette localité, ayant principalement rapport aux droit féodaux. C'est là, surtout, que j'ai trouvé les faits les plus curieux que je rapporte.

On a conservé aussi dans les archives nationales les papiers importants de la cure d'Antony. Ils sont enfermés dans un carton étiqueté, et m'ont fourni des renseignements que je n'ai pas trouvés ailleurs.

Enfin j'ai consulté très-utilement une grande et belle carte du territoire d'Antony, dressée en 1751 par ordre de l'abbé et des religieux de Saint-Germain-des-Prés. Elle est conservée avec soin dans la mairie et mérite de l'être, car c'est un document topographique précieux pour le pays.

Je m'estime heureux de pouvoir offrir à mes bons paroissiens ce travail, qui ne peut avoir de l'intérêt que pour eux, et de leur laisser ce souvenir de mon passage dans leur pays. Ils ont eu des curés très-honorables; il y en a parmi eux qui ont porté la pourpre romaine ; aucun d'eux n'a désiré le bonheur de ses paroissiens plus vivement que moi, et depuis que je suis avec eux je n'ai cessé d'y travailler. Mais ce que j'ai le plus à cœur comme tout bon prêtre, c'est leur bonheur spirituel, beaucoup trop négligé. En voyant tous les jours les soins qu'ils se donnent, les travaux auxquels ils se condamnent pour leurs affaires temporelles, je ne puis m'empêcher de gémir et de m'écrier : *A quoi bon gagner l'univers entier si l'on vient à perdre son âme ?* En voyant aussi la vie pénible de certaines classes d'ouvriers,

comme ceux des plâtrières, je me dis : Quel mal-
heur que ces gens-là ne se préparent pas une vie
meilleure pour l'avenir ! ils seront donc toujours
en souffrance dans ce monde et dans l'autre !

La population d'Antony est généralement honnête ; elle n'est pas impie ni incrédule ; elle aime
sa jolie église et la pompe des cérémonies publiques. Une partie des habitants, surtout dans la
bourgeoisie, se livre de cœur et d'âme aux pra-
tiques religieuses. Comment se fait-il qu'un si
grand nombre de paroissiens, si peu éloignés du
royaume du ciel, s'en excluent par leur faute,
quand il leur serait si facile de l'acquérir ? Dans
leur enfance, tous ont été mis sur la bonne voie,
tous ont commencé à pratiquer ; les parents
mêmes ont favorisé cette éducation religieuse ;
mais, dès qu'ils sont en âge de travailler, les enfants abandonnent l'autel du Dieu du ciel pour
le culte de l'argent. En sera-t-il toujours de
même ? Oh ! non, Antony changera ; quiconque
connaît sa population a cette espérance, et je l'ai
plus que personne.

TOPOGRAPHIE D'ANTONY.

Le bourg d'Antony est situé sur la route d'Orléans, à trois lieues sud de Paris, sur la rive gauche
de la Bièvre.

A quelques pas de la route et de la rivière, le
terrain s'élève en pente douce vers le nord-ouest,
jusqu'à un plateau qui va joindre la forêt dite de
Verrières. C'est sur ce versant qu'a été bâti le village dont il est question.

Ainsi la position d'Antony est des plus agréables ;
il a ses derrières à l'abri des vents de l'ouest par
les hauteurs du bois de Verrières : il voit couler à
sa droite les eaux de la Bièvre, et à sa gauche celles
du ruisseau de Morteau, qui l'entourent de fraîches
prairies. Il reçoit sur un vaste horizon les premières
lueurs de l'aurore et les rayons du soleil levant. Il
voit en face, au delà d'un large vallon, le coteau de
Fresnes et de Tourvoye, orné de moissons et de
vignes et couronné d'un long ruban de verdure
formé par les arbres de la route de Fontaine-
bleau.

L'air est pur et sain' à Antony. Les médecins l'ont souvent conseillé avec succès, et j'ai vu des malades y venir dans un état désespéré et s'en aller entièrement guéris.

Au centre du village se trouve une petite place appelée *le Carrousel*, plantée de tilleuls. Elle offre peu d'agrément, à cause des maisons qui l'entourent et lui dérobent la vue de la campagne. Ses murs d'appui, grossièrement bâtis, sont couverts de pierres tumulaires tirées de l'ancien cimetière, et offensent la vue par leurs formes irrégulières et les épitaphes qu'elles portent encore.

Quatre rues partent de cette place.

L'une se dirige au nord sous le nom de rue de la Tour.

Une autre, appelée ruelle à Riou, tend au couchant, et va joindre une grande rue dite la rue Chartraine.

Une troisième va vers le midi, passe devant l'Église, dont elle porte le nom, et s'étend jusqu'au moulin situé sur la Bièvre.

La quatrième enfin regarde le levant, et s'appelle *Avenue*. C'est une large et belle rue qui descend à angles droits sur la route d'Orléans, éloignée du village d'environ huit minutes de chemin.

Au point de jonction de l'avenue et de la route, il s'est formé un second centre d'habitations presque aussi considérable que le chef-lieu, et qui s'appelle le pont d'Antony, à cause du pont jeté sur la Bièvre en cet endroit pour la route d'Orléans.

Enfin, sur la même route, du côté de Paris, et à la distance d'une demie-lieue, se trouve un autre écart ou village de la paroisse et commune d'Antony, qu'on appelle la Croix de Berny ou simplement Berny. On n'y compte pas plus d'une douzaine de maisons. Cette petite localité a cependant une certaine importance, à cause d'un relais de la poste aux chevaux et des courses au clocher qui s'y font quelquefois.

Ce n'est pas un spectacle sans intérêt, et la course des chevaux excite moins la curiosité que la réunion des grandes notabilités et des équipages brillants qui viennent en foule de Paris et de Londres assister à la lutte et applaudir aux vainqueurs.

C'est aussi un avantage pour les habitants du pays, qui jouissent du spectacle gratis, et réalisent d'honnêtes bénéfices, soit par les indemnités allouées aux propriétaires des terrains parcourus, soit par le haut prix des places dans les estrades et les maisons, soit par la consommation que font les étrangers dans les auberges et hôtels, soit enfin par les aumônes abondantes que laissent aux pauvres les entrepreneurs de la course et les curieux qui y assistent. Les quêtes qui y ont été faites parfois ont été très-productives.

La plaine qui s'étend depuis la Croix de Berny jusque au-dessus d'Antony a été choisie de préférence à tant d'autres pour les courses au clocher à cause du terrain gras et mou de la prairie, des

détours de la Bièvre, qu'il faut franchir plusieurs
fois, des haies vives qui bornent les propriétés. Ce
sont autant d'obstacles naturels que recherchent
les amateurs.

La nature du sol varie beaucoup à Antony. Il y a
des terres fortes, des terres légères, des terres
glaiseuses, des terres sablonneuses, et une couche
de craie règne en plusieurs endroits à une profondeur plus ou moins grande.

Les cultivateurs du pays aiment autant les terres
légères que les terres fortes. Les premières sont
plus faciles à cultiver et rapportent autant que les
autres, à raison des engrais abondants que fournit
la capitale.

Les produits du pays sont le foin naturel, les
foins artificiels, le froment, le seigle, l'orge, l'a-
voine, les haricots, les fèves, les fraises, les fram-
boises, les groseilles, etc. Tous ces produits sont
d'un bon rapport, attendu que le débit en est assuré
à Paris. On cultive la vigne à Antony ; mais le vin
y est de très-médiocre qualité. Il n'en est pas de
même du lait, qui est très-bon.

La paroisse d'Antony est sur les limites sud du
diocèse de Paris et touche à celui de Versailles.
Elle a pour paroisses limitrophes Bourg-la-Reine,
Fresnes et Chatenay du diocèse de Paris, Wissous, Massy et Verrières du diocèse de Versailles.

Quant à l'origine du mot Antony, il est très-probable que, dans le temps de la domination romaine,
ce pays fut commandé par un capitaine appelé

Antonius, qui a laissé son nom au village. On a dit primitivement Antoniacum, et puis Antogny, Anthoigny, Antongny, Antony, et quelquefois Antoni. Le premier de ces noms est évidemment d'origine latine, et n'a été en usage que quand on parlait latin.

Je n'ai pas trouvé qu'Antony ait produit d'autres personnages historiques que Philippe d'Antogny ou d'Antongny, qui était garde du grand scel de Saint-Louis. Il recevait, dit la chronique, tant pour lui que pour ses chevaux et valets à cheval, sept sols parisis par jour.

La population d'Antony est évaluée à mille quatre cents âmes. Elle a souffert une diminution notable par suite de la création du chemin de fer d'Orléans. La route a été infiniment moins fréquentée. Les diligences ont disparu, ainsi que le gros roulage. Les auberges se sont fermées en grande partie, et ce qui reste en activité fait peu de débit ; la poste aux chevaux de Berny, qui occupait tant de bras, ne fait pas le dixième de ses opérations.

Quant au moral de la population, on doit la diviser en quatre classes : la classe des bourgeois, celle des cultivateurs, celle des marchands, et celle des ouvriers.

La première est remarquable par le bon ton, le bon esprit qui l'anime, par ses habitudes religieuses et par ses abondantes aumônes.

La seconde a conservé en grande partie les mœurs anciennes. Les cultivateurs d'Antony sont

sédentaires, se succèdent de père en fils, font généralement bon ménage ; mais ils oublient qu'ils
sont chrétiens, et passent le dimanche dans les
champs, au préjudice de leur corps qu'ils épuisent
avant le temps, et de leur âme qu'ils sacrifient à
d'imperceptibles intérêts.

Les marchands, généralement établis sur la
route, sont moins attachés au sol, et changent plus
facilement de domicile selon que leurs intérêts le
demandent. Ils n'ont pas les mœurs privées des
indigènes, sont plus indifférents pour la religion,
sans cependant se déclarer hautement incrédules
ou impies.

Les ouvriers offrent un mélange de gens du pays
et d'étrangers, par conséquent une différence dans
les habitudes sociales. Ils ne sont pas exempts du
grand défaut de leur profession, l'usage immodéré
des boissons alcooliques.

Ils sont vraiment à plaindre. Presque tous pourraient vivre dans l'aisance si au travail ils joi-
gnaient la sobriété. Mais non, le lendemain ou le
surlendemain du jour de la paye, le travail d'un
mois est perdu presque en entier pour la famille,
et dans quelques ménages la femme est réduite à
tendre la main pour nourrir ses enfants. Si on leur
parle d'aller à la messe et de sanctifier le dimanche,
ils répondent qu'ils n'en ont pas le temps. S'ils
calculaient le temps qu'ils passent chez les marchands de vin, ils reconnaîtraient bientôt qu'il leur
en faudrait bien moins pour remplir le devoir sacré

de l'assistance à la messe, et qu'alors ils seraient bien moins pauvres, et leurs familles plus heureuses.

En somme, c'est une justice à rendre aux habitants d'Antony, ils sont bien supérieurs sous le rapport moral et religieux à ceux des communes des environs de Paris. Les désordres n'y sont pas si grands et l'Église y est plus fréquentée.

Les gens d'Antony ont cette idée d'eux-mêmes. J'ai rencontré de bons paroissiens qui m'ont dit avec naïveté : *Vous n'êtes pas trop content de nous, monsieur le curé, nous ne sommes pas trop bons chrétiens ; mais si vous saviez, dans les autres pays, ils sont bien plus pires.*

L'immense majorité des paroissiens n'est point hostile au curé, on le voit avec plaisir, on lui parle avec bienveillance, on aime à le recevoir chez soi.

Il m'est arrivé cependant un jour de frapper à la porte d'une maison pour faire ma première visite. On me demanda : « Qui est là ? » Je répondis : « C'est le curé de la paroisse qui vient vous voir. — *Le curé de la paroisse n'a rien à faire ici,* » me cria-t-on de l'intérieur.

Quelques années après, je me présentais devant la même maison, et cette fois j'y avais affaire : c'était pour donner la sépulture au maître du logis.

Je ne puis refuser un mot aux enfants d'Antony. Ils sont des plus aimables. Le grand air de la campagne, une nourriture saine, l'éducation soignée des écoles leur donnent un air de santé prospère

et une tenue honnête. Ils n'insultent pas les passants comme ailleurs ; ils viennent volontiers à
l'Église ; ils aiment leur curé, et du plus loin qu'ils
le voient, ils ont un petit bonjour et un gracieux
sourire à lui envoyer.

LA TOUR D'ARGENT.

Il est prouvé, par une foule de documents de tout genre, qu'il existait autrefois une tour à Antony, et qu'elle portait le nom mystérieux de *Tour d'argent*.

Il n'en reste pas aujourd'hui la moindre trace, et il serait impossible d'en déterminer la position si on n'avait d'autres indications.

Elle occupait, sans aucun doute, la pointe nord-est du parc de feu M. Trudon, appartenant aujourd'hui à sa fille, madame Chapellier. Les pièces de terre situées auprès de ce parc sont indiquées sur le plan terrier d'Antony, dressé en 1751, sous le nom de pièces sur la tour ou sous la tour. Mais j'ai trouvé dans le cartulaire un bail à ferme qui parle plus clairement. En voici la teneur :

« Acte reçu Pernot, notaire, le 3 janvier 1489, par lequel appert que Me Antoine Regnaut, notaire et secrétaire du Roi, notre sire, seigneur d'Armoil et de la tour d'Antoigny, confesse avoir baillé à titre de louage et moissons de grains, pendant neuf ans, à Jean-Philippe Lejeune, laboureur, demeurant à Chastenay, preneur audit titre, savoir : l'hôtel de ladite tour d'Antoigny, contenant : grange, maison, bergeries, étables et plusieurs édifices, cours, jardins, vignes, et tout le lieu comme il se comporte de toutes parts, tenant ledit pourpris, par-devant au chemin par lequel on va dudit Antoigny à Chastenay, et d'autre part par-derrière et aboutissant par haut à plusieurs terres et jardins, appartenant à plusieurs, et d'autre bout audit bailleur. *Item,* toutes les terres tant en labour qu'en friche, buissons et autres, audit bailleur appartenant, quelque part qu'elles soient situées au terroir dudit Antoigny, c'est à savoir : depuis le pont d'Antoigny, toutes les terres du côté et devers ladite tour, sans passer le grand chemin d'Orléans, et en outre grand nombre d'autres terres, vignes et prés. »

Cet acte fixe parfaitement la position de la tour, qui avait son devant à l'est, sur le chemin de Châtenay, et ses derrières au couchant, du côté de Verrières.

Il est certain, d'ailleurs, que les dépendances de la tour, cours, bergeries, étables, étaient dans le parc de feu M. Trudon, qui les a fait démolir il y a quelques années seulement, et la famille se souvient encore d'avoir entendu parler du *Monsieur de la Tour d'argent.*

Le 25 août 1722, Jean de Besse, avocat et juge, prévôt, bailli des terres d'Antony, Verrières, etc., à la requête des religieux seigneurs d'Antony et alors propriétaires de la ferme de la tour, et de la veuve Bance, fermière, a dressé procès-verbal d'un incendie qui la veille, 24 août, a consumé en entier les bâtiments de la ferme et de la tour. On a été obligé de démolir les murs jusqu'au pied (cartulaire).

Les bâtiments de la ferme ont été reconstruits à raison de leur nécessité pour l'exploitation, mais la tour ne l'a pas été, parce qu'elle n'était plus utile. Il est probable que les matériaux en ont été employés aux nouvelles constructions, et c'est ainsi que la tour a tout à fait disparu.

La ferme de la Tour d'argent possédait 207 arpents de terres, dont 26 en prés, le reste en vignes et champs. Ce serait aujourd'hui une valeur de 600,000 francs, à 3,000 francs l'arpent.

L'existence de la Tour d'argent n'est donc pas douteuse; mais il n'est pas facile d'établir à quelle époque et dans quel but elle a été construite. Je n'ai rien trouvé qui pût m'éclairer là-dessus; mais voici ce qu'il est permis de conjecturer.

L'œil le moins exercé à la stratégie conviendra sans peine que la hauteur où était située la tour d'Antony est une position militaire d'une certaine importance. Elle domine la longue vallée de la Bièvre et la plaine de Wissous. Elle découvre, au delà, les vastes plateaux de Massy et de la Belle-Épine. Elle voyait, autrefois, passer à ses pieds la route de Chartres et celle d'Orléans, qui se réunissaient à Antony.

L'histoire est d'accord avec l'indication que donne la nature des lieux.

On lit dans Dulaure, article *Antony* : Ce lieu est souvent mentionné dans les monuments historiques comme passage et séjour des gens de guerre.

On lit dans l'abbé Lebeuf, article *Antony* : En 1346 1546, Philippe de Valois alla, vers la fête de l'Assomption, camper à Antony, sur ce qu'on lui avait dit que le roi d'Angleterre passerait par là pour aller en Flandre ; mais il l'y attendit vainement deux jours, le roi d'Angleterre ayant, au sortir de Poissy, tiré vers Beauvais.

On lit dans l'*Histoire de France* par Bazin (règne de Louis XIII) : « Le 4 mai 1652, comme Made-
« moiselle, revenant d'Orléans, où elle avait fini
« par s'ennuyer, passait dans Étampes pour se
« rendre à Paris, le maréchal de Turenne, suppo-
« sant bien que l'armée des princes ne manque-
« rait pas cette occasion de lui faire honneur, ré-
« solut de la surprendre dès que la princesse s'en
« serait suffisamment éloignée, et de lui livrer
« combat au sortir de la joyeuse revue. Il marcha
« donc en diligence, et fit payer cher à ces troupes
« l'empressement qu'elles avaient montré pour
« satisfaire la curiosité des dames ; car pendant que
« la princesse continuait tranquillement sa route
« et recevait un respectueux accueil dans les quar-
« tiers abandonnés par le maréchal, il atteignit
« l'armée ennemie auprès de ses retranchements,
« et en défit une bonne partie ; puis, comme il ne

« s'était dérangé que pour cela, et qu'il n'avait pas
« de dessein formé, à la suite de cette insulte, il re-
« gagna son poste d'où il se porta bientôt, le 7 du
« même mois, à Palaiseau et à Antony, pour couper
« plus sûrement la route de Paris à Étampes. »

D'après ces données on peut conclure que la
tour d'Antony n'était pas simplement une maison
de luxe ou d'agrément ou un bâtiment d'exploitation
rurale comme un grand colombier, ou une ferme,
mais un point de défense, une place fortifiée.

Je dois donc a présent me faire cette question :
la tour d'Antony est-elle de l'époque féodale comme
ses voisines les tours de Marcoussi et de Mont-
lhéry ? où bien a-t-elle été bâtie par les Romains
comme l'aqueduc d'Arcueil et le palais des Thermes
à Paris ?

Plusieurs raisons me portent à croire que la tour
d'Antony était de construction romaine.

1° Il sera prouvé plus tard que les religieux de
Saint-Germain-des-Prés étaient seigneurs d'Antony
en 829, c'est-à-dire dès l'établissement des fiefs,
et ils ont conservé cette terre sans interruption
jusqu'en 1789. Or, il n'existe dans leur cartulaire
aucune trace des travaux qu'aurait exigés la construction de cette tour, quoiqu'ils y aient soigneu-
sement conservé tous les actes et titres concernant
la terre d'Antony.

2° Si les religieux avaient fait bâtir la tour, elle
leur aurait appartenu : or, il est certain que primitivement elle appartenait à une famille qui dis-

puta même aux religieux les droits féodaux d'Antony, le seigneur d'Armoil.

3° Il est très-probable, comme nous le verrons
en son lieu, que les deux anciennes routes de
Chartres et d'Orléans à Paris étaient des voies romaines. Il est donc tout naturel de supposer que
les Romains avaient construit un fort au point de
jonction des deux chemins pour les surveiller.

Je dois ajouter que les religieux de Saint-Germain-des-Prés n'ont jamais montré de sympathie
pour la guerre et les querelles féodales. On a vu
des prélats, possesseurs de fiefs, lever des troupes
au besoin et prendre part aux expéditions guerrières
de l'époque, ce qui était une charge pour eux en
leur qualité de seigneurs temporels ; mais les bons
moines d'Antony n'ont jamais eu ce goût, et s'ils
l'avaient eu, ils auraient pris part aux différentes
guerres qui ont eu lieu aux portes de Paris ou dans
son enceinte, et on ne lit rien de semblable dans
l'histoire. Ils connaissaient trop bien leurs obligations comme religieux, et nous les verrons bientôt
renoncer à la cure d'Antony, parce que le ministère
paroissial les détournait de la prière et de la mé-
ditation des vérités éternelles. Les actes nombreux
de bienfaisance envers les habitants du pays, leur
font bien plus d'honneur que les expéditions guerrières les plus heureuses.

———

PAROISSE D'ANTONY.

————

Antony possédait une église dès les premiers siècles de la prédication de l'Évangile dans les Gaules.

En 829, Hilduin, abbé de Saint-Germain-des-Prés, assigna à ses religieux, pour leurs vêtements, entre autres biens, *Antoniacum cum ipsâ capellâ* : ce sont les termes de la charte de confirmation donnée par Louis le Débonnaire.

Un autre acte en latin, daté de la douzième année du règne de Henri Ier, c'est-à-dire de l'année 1049, porte que : « L'évêque de Paris Imbert, ou Ambert, ou Lambert, son synode assemblé, ayant égard à l'humble requête d'Aldrade, vingt-neuvième abbé du monastère de saint Vincent martyr et de saint Germain, évêque et protecteur des Parisiens, a accordé audit abbé et à ses religieux un certain autel dédié à l'honneur de saint Saturnin, et situé dans le territoire de Paris en la juridiction appelée *Antony,* pour, par lesdits abbé et religieux, posséder à perpétuité ledit autel avec toutes ses appar-

tenances et dépendances, avec exemption de tous
devoirs et services à lui dus, excepté les droits de
synode et de visite, et, afin que lesdites lettres de
concession aient leur force et vigueur, ledit évêque
les a signées de sa propre main en présence de ses
archidiacres et autres clercs composant son synode
qui se sont aussi soussignés. Lequel Imbert, évêque
de Paris, a requis la confirmation dudit acte du
roi Henri, et l'a obtenue comme appert par le mo-
nogramme dudit seigneur roi et la signature de
Durant, son chancelier. »

Le rituel de Paris ne fait remonter qu'à l'année 1200 l'érection de la paroisse d'Antony,' ce
qui signifie, comme il en fait l'observation, que les
monuments historiques connus ne signalent pas
son existence avant le douzième siècle.

Mais les actes que nous venons de citer prouvent
que l'église d'Antony existait longtemps avant cette
époque, et remonte au moins au règne de Charle-
magne.

Le dernier de ces actes prouve aussi que cette
église avait alors saint Saturnin pour patron.

On sait que, vers l'année 250, le pape saint Fa-
bien envoya dans les Gaules pour y prêcher l'é-
vangile saint Denis, saint Saturnin, saint Trophime,
saint Paul, saint Martial, saint Strimoine, et saint
Gatien, qui fondèrent les églises de Paris, de Toulouse, d'Arles, de Narbonne, de Limoges, d'Auvergne, de Tours.

Le martyre de saint Saturnin, apôtre de Toulouse,

précéda celui de saint Denis de douze ou dix-huit ans. On peut donc admettre qu'au moment où le village d'Antony embrassa la foi, saint Denis lui-même ou ses compagnons mirent cette nouvelle église sous l'invocation de leur collaborateur récemment martyrisé à Toulouse.

Investis de l'administration spirituelle de la paroisse d'Antony, l'abbé et les religieux de Saint-Germain s'en déchargèrent cent cinquante ans après, afin de vaquer plus facilement à la prière. Il y eut donc un accord entre eux et l'évêque de Paris, par lequel il fut réglé que les religieux présenteraient un prêtre séculier pour la cure d'Antony, et que l'évêque l'investirait des pouvoirs spirituels. C'était en 1200, et voilà sans doute pourquoi le rituel de Paris ne fait remonter qu'au douzième siècle l'établissement de la paroisse d'Antony. L'arrangement dont je viens de parler ne cessa qu'en 1790.

En donnant la cure d'Antony à un prêtre étranger à leur ordre, les religieux conservèrent les redevances seigneuriales dont ils étaient en possession, et assignèrent au curé et à ses vicaires un revenu suffisant pour vivre. Il n'est pas indifférent de connaître ce revenu, qui donne une idée des mœurs de l'époque et de la valeur des monnaies.

Le 16 mai 1379, le parlement de Paris rendit un arrêt confirmant un accord fait entre les religieux de Saint-Germain-des-Prés et Richard de Saint-Germain, curé d'Antony, par lequel il est réglé que les curés d'Antony ont droit à un muid de froment, cinq muids de vin, deux agneaux et deux oisons à prendre dans la grange dîmeresse d'Antony.

Le curé avait en outre la jouissance de 25 arpents de terre, formés de plusieurs prés, champs et vignes, qui sont indiqués dans le même acte avec leurs noms, leur contenance et leurs confronts.

Vers l'année 1550, lorsque la faible main des Valois d'Orléans ne pouvait maintenir l'ordre dans l'État, et que le venin de l'hérésie portait le trouble dans l'Église, la cure d'Antony fut usurpée par deux prêtres étrangers, qui exigèrent des religieux de plus grands revenus, équivalents à la dîme dont ils étaient privés, et présentèrent une requête en forme à l'évêque de Paris.

Eustache de Bellai, qui occupait alors le siége, députa un de ses prêtres, Martial d'Auvergne, pour faire une enquête *de commodo et incommodo* touchant la transaction passée par-devant Cordonnier, notaire apostolique, le 23 janvier 1540, entre messire François Andrand, vicaire général de monseigneur le cardinal de Tournon, évêque de Sabine, archevêque de Bourges et abbé commendataire de l'illustre monastère de Saint-Germain-des-Prés-lès-Paris, joints avec lui les religieux de ladite abbaye d'une part, et Michel Durant, se disant curé de l'église paroissiale d'Antony, tant pour lui que pour Mathurin Chartier, naguère vicaire perpétuel et à présent vicaire fermier dudit curé, par laquelle ses droits sont fixés à deux muids de blé et trois

muids de vin, à percevoir dans la grange dîmeresse.

Dans cette enquête ont été produits les témoins
suivants, assignés au onzième jour du mois d'août
1553 pour dire vérité après avoir prêté serment.

« Jehan Collette, laboureur vigneron, demeu-
« rant à Antony, âgé de quatre-vingts ans, a dé-
« posé qu'il savait qu'au temps passé les religieux
« tenaient la cure d'Antony en leurs mains, ser-
« vant l'église, et entre autres, un religieux de la-
« dite abbaye, nommé Jehan Davannes, qui des-
« servait ladite cure, ce qu'il a ouï dire à ses
« anciens, et que quelque temps après l'abbaye
« bailla un autre curé ou homme. Il a entendu
« dire que Voirières avait été succursale d'Antony,
« et toutefois érigé en cure depuis, et encore a en-
« tendu dire à feu son père, décédé depuis trente à
« quarante ans, et quand il mourut avait autant
« d'âge que lui qui parle, et à son grand-père,
« nommé Thibaut Collette, âgé quand il décéda de
« cent dix ou onze ans; il dit encore avoir vu de-
« puis sa connaissance, qui est de soixante-dix ans,
« que les abbés et religieux de Saint-Germain per-
« cevaient seuls les grosses et menues dixmes
« d'Antony, de sorte que le curé ou vicaire per-
« pétuel dudit lieu ne percevait aucune d'ycelles
« ni de novales, fort que l'abbaye lui baillait par
« chacun an pour son vivre et entretien, un muid
« de blé provenant des dixmes du lieu; et a tou-
« jours vu lesdits religieux jouir paisiblement

« desdites dixmes et novales, et. ledit curé d'y-
« celui muid de blé et d'ycelui muid s'est con-
« tenté jusqu'à et depuis trois ou quatre ans,
« qu'un nommé Mathurin Chartier, curé d'Antony,
« intenta procès touchant les dixmes contre ladite
« abbaye... Qu'il avait perçu les oblations et cens
« de l'église et certaines terres aumonées, valant
« audit curé chacun an la somme de 80 livres de-
« puis soixante ans, l'ayant appris de M. Guillaume
« Narbonne, vicaire, qui était ami du déposant...
« Et a dit que la ferme de la cure valait bien les-
« dits 80 francs par an, et vivaient bien honnête-
« ment lesdits vicaires fermiers en faisant ledit
« argent audit curé; et, en outre, ledit déposant a
« dit que le revenu du curé montait à plus de
« huit-vingt livres, attendu qu'il y avait dans la
« paroisse beaucoup de cochons et d'oisons, et
« qu'il jouissait de 25 arpents, tant en terres qu'en
« vignes et prés, et suffisamment de fondations pour
« mettre le curé et ses vicaires en besogne, de sorte
« qu'ils ne sont pas sans messes chacun jour...; et
« partant que lui et ses successeurs, suivant ce
« qu'il estime en sa conscience, se doivent conten-
« ter de leur dit revenu. Enfin que ce sera leur pro-
« fit et celui de l'église, et desdits abbé et reli-
« gieux, et le bien et soulagement du peuple, que
« ledit accord soit gardé de part et d'autre. Taxé au
« déposant, qui a requis salaire, six sous parisis. »

Les témoins qui déposèrent après Collette furent
Robert de Fontenay, Pierre Basile, Jean Saguin,

Gérard Lorain, Jean Belliart, Jean Boisseau, Jean
Gallier, marguillier; Philippe Marsant.

Ils évaluent tous le revenu total de la cure d'Antony, pour le curé et les vicaires, à la somme de
160 livres, sauf une différence de 10 livres, que les
uns mettent en plus et les autres en moins.

Philippe Marsant dit : « Avoir vu tenir la cure par
M. Pierre Feucher, vicaire d'Antony, pendant vingt
ans, sous plusieurs curés successifs, lequel et ses
chapelains vivaient honnêtement en rendant ladite
somme de 80 fr. par an audit curé, son maître, lequel a vécu honnêtement avec deux ou trois chapelains, fait plusieurs belles acquisitions, tant en
maisons qu'en terres labourables et vignes. »

D'autres ajoutent qu'avec ce revenu le curé pouvait bien payer les employés de l'église, le maître
et la maîtresse d'école.

Jean Boisseau affirme une particularité, c'est que
le prétendu curé Mathurin Chartier était oncle de
Michel Durand.

L'enquête terminée, la cause fut portée devant
l'évêque de Meaux. Je n'ai rien trouvé qui explique
pourquoi elle ne fut point jugée par l'évêque de
Paris. Mais je présume que l'évêque de Paris,
Eustache de Bellai, alors absent, pour assister au
concile de Trente, avait donné une autorisation à
l'évêque de Meaux pour cette affaire.

Les deux plaignants, Mathurin Chartier et Michel
Durand, jugèrent à propos de ne point comparaître,
et furent réputés contumaces.

Ils avaient de très-bonnes raisons pour éviter de paraître devant un juge ecclésiastique, car, aux termes des pièces du procès, leurs titres à la cure étaient fort suspects, et de plus, en droit, ils devaient être condamnés.

En effet, de droit commun, la dîme appartenait aux curés. Aussi différents ordres religieux, et en particulier les Bénédictins, à cause de leur mérite et des services qu'ils rendaient à l'Église, ayant été chargés du ministère des paroisses, furent mis en possession de la dîme. Mais il fut bientôt reconnu que les fonctions pastorales étaient incompatibles avec les obligations de la vie religieuse. En conséquence, les conciles de Clermont et de Poitiers ordonnèrent que les cures fussent rendues aux prêtres séculiers. Bientôt après, le troisième concile de Latran, par une constitution générale, exclut des cures les religieux des différents ordres. Mais comme la dîme était devenue nécessaire à leur existence, le concile leur conserva le droit de présentation aux cures vacantes et celui d'en percevoir les dîmes, à la charge par eux d'assurer aux curés en fonctions un revenu suffisant pour leur nourriture et leur entretien (1). Dans le cas présent, les religieux de Saint-Germain étaient dans les termes des lois en vigueur. De plus, la dîme qu'ils percevaient pouvait être considérée comme

----

(1) C'est ce qu'on appelait la portion congrue; elle était fixée par un édit de 1571 à 120 livres.

inféodée, c'est-à-dire comme faisant partie de leurs droits seigneuriaux, dont ils avaient joui de tout temps. A ce titre, ils étaient encore inattaquables, puisqu'ils assuraient aux prêtres de la paroisse un revenu suffisant.

Il est fait mention dans cette enquête de 25 arpents de terres que possédaient les curés d'Antony; mais dans la suite les donations en augmentèrent le nombre. Il existe parmi les papiers de la cure d'Antony, déposés aux archives nationales, un procès-verbal d'arpentage du 11 octobre 1728, qui porte à 37 arpents les terres de la cure; mais M. Chavet, alors curé, déclare, par une note écrite de sa main, que 4 arpents lui sont indûment attribués, ce qui réduit le total à 33 arpents.

Il est aussi constaté par un procès-verbal d'arpentage du 18 septembre 1625, que la fabrique de l'église d'Antony possédait alors 32 arpents 41 perches de terres. Postérieurement, par acte reçu, Joseph Damide, tabellion à Antony, le 10 avril 1678, le sieur de Bertinville fit don à la fabrique de 2 arpents 1/2 de vignes, ce qui fait un total de 34 arpents 91 perches. Il ne lui reste aujourd'hui qu'un demi-arpent, sans doute oublié lors de la vente des biens nationaux.

Le 20 décembre 1675, Élie Lavaux vendit, par acte reçu, Despriez et son confrère, notaires à Paris, la maison vicariale au profit de la fabrique d'Antony, pour la somme de six cent cinquante francs. Ce fut la confrérie du Saint-Sacrement qui fournit les deniers de cette acquisition. Le contrat porte une constitution de rente égale à l'intérêt de cette somme, par la fabrique en faveur de la confrérie, et stipule la faculté du remboursement.

Cette maison a servi tout à la fois à loger le vicaire d'Antony, et l'école du village. Le vicaire occupait le premier étage avec le jardin, et l'école se faisait au rez-de-chaussée. Elle a été vendue par l'administration des Domaines comme propriété nationale; un four y a été construit, et c'est depuis une boulangerie.

Les registres de la paroisse remontent au mois de juillet 1601, et parviennent sans interruption au mois de janvier 1792. Ils ont été recommencés en octobre 1795, après deux ans neuf mois d'interruption, pendant la crise révolutionnaire.

Voici l'état des curés d'Antony, tel que j'ai pu le former d'après des documents authentiques.

Depuis 1049 jusqu'en 1200, les religieux de Saint-Germain.

En 1379 Richard de Saint-Germain.
    1400 Pierre Feucher.
    1440 Jehan Davannes.
    1490 Julien Caillard.
    1520 Guillaume Narbonne.
    1550 Michel Durand.
    1560 Mathurin Chartier.
    1580 Pierre Laisné.
    1600 Messire Guillaume Briant.
    1617 Jehan Le Paige (Jean Lepage).
    1628 Nicolas Boufoug.
    1633 Jean de Beauvais.

1652 Pierre Marceau.

1665 Nicolas Guillart.

1674 Toussaint Lemière.

1682 Pierre Lemoine, docteur en théologie.

1705 Pierre Chantoiseau, docteur en Sorbonne.

1725 Benoît Chavet.

1752 Baptiste Langlois.

1759   —   Moillet.

1768 Julien Bachet, mort le 24 janvier 1793.

1793   —   Templer, vicaire quelques mois.

1795 Joseph Bernet, mort cardinal en 1846.

1798   —   Cattin, religieux de Saint-François.

1800   —   Leduc.

1802 Charles Chaisneau.

1806 Jean Sauvage, Bachelier en théologie.

1824 Nicolas Joennoz.

1827 Joseph-Guillaume Chenailles.

1838 Jean Gueyton.

1843 Augustin Enjalvin, officier d'académie, chanoine
   honoraire de Mende.

Je n'ai pu m'empêcher de remarquer une singu-
larité assez bizarre; c'est que, parmi les curés nommés à Antony depuis 1794, quatre sont du midi et
du même pays. M. Bernet était de Saint-Flour;
M. Cattin était de Mende; M. Gueyton est du Puy,
et je suis de Mende.

Il paraît que M. Lemoine était d'Antony, car
il y avait des propriétés, et on voit dans l'acte suivant un particulier de ce nom qui pouvait être de
sa famille.

« Par-devant M. Pya, tabellion en la prévôté
d'Antony, le 6 février 1540, plusieurs habitants
d'Antony certifient que, M. Antoine Lemoine,

contrôleur, possède une vigne sise au terroir d'Antony, au chantier dit Briolette, autrement Turpault, contenant deux arpents.... tenant par le bout au chemin de Briolette qui conduit d'Antony à Sceaux, etc. »

ÉGLISE D'ANTONY.

Ce bâtiment ne présente rien de remarquable à l'extérieur. Ses vieux murs et leurs contre-forts sont d'une maçonnerie commune. Les angles écornés des pierres de taille, et les joints vides de ciment, appellent depuis longtemps une main réparatrice.

Mais à l'intérieur, elle offre de l'élégance, de l'agrément et une tenue irréprochable. C'est un vaisseau gothique à deux rangs de colonnes, formant une grande galerie au milieu, et deux bas côtés qui s'étendent sur six travées de longueur dans la direction de l'occident à l'orient.

Quoique le corps du bâtiment soit tout entier d'architecture gothique, on s'aperçoit au premier coup d'œil que tout n'est pas de la même époque. Les deux premières travées qui forment le chœur, et qui font un peu plus que le tiers de l'édifice, sont, disent les connaisseurs, du douzième siècle, quoi qu'en pense l'abbé Lebeuf, qui les estime du quatorzième.

Les colonnes principales du chœur, d'une grosseur considérable, sont entourées de colonnettes avec base et chapiteau qui, partant du sol, supportent les nervures de la voûte ogivale qui se croisent au centre de la travée.

La sculpture des chapiteaux n'est pas d'une perfection irréprochable, mais ils offrent une étonnante variété d'ornements et de formes ; on voit dans le chœur cinquante-six chapiteaux, et cinquante-six systèmes différents d'ornementation. Une des colonnettes a son fût entièrement détaché du corps du pilier, particularité remarquable et très-rare.

Les autres quatre travées ont été construites vers le milieu du seizième siècle. Les piliers, de forme hexagone, sont plus minces et plus élancés, les nervures plus dégagées, la voûte plus hardie. Les piliers ne sont point flanqués de colonnettes, et les nervures de la voûte naissent de l'angle de la colonne au point d'origine de l'arc.

Il n'en est pas de même du côté du mur. Là, les nervures et l'arc ogival s'appuient sur un pilastre formé de trois demi-colonnettes qui descendent jusqu'au sol.

Ainsi l'église d'Antony offre les trois classes d'architecture gothique. Le chœur appartient à la première, la plus ornée ; dans le reste de l'édifice, les piliers détachés sont de la troisième classe, la plus simple, et les pilastres sont de la seconde, qui tient le milieu entre les deux autres.

La voûte du chœur est en moellons, celle du reste de l'église est en plâtre. Dans son ensemble, elle présente de l'élégance et de la régularité.

Six fenêtres sont encore pourvues de meneaux, dont le dessin est simple et de bon goût. Dans les autres, les meneaux n'existent plus, parce qu'elles ont été refaites pour cause de vétusté, et les meneaux n'ont pas été rétablis, soit par économie, soit pour laisser plus de jour à l'intérieur.

Dans l'origine, les vitraux étaient tous en couleur; parmi ceux qui restent en petit nombre, on en voit qui portent des inscriptions, d'autres des armoiries; dans l'un d'eux on lit la date de 15 70 en caractères très-bien conservés.

Avant la révolution de 1793, il y avait aussi des armoiries aux points d'intersection des nervures des trois voûtes. Elles ont été détruites à cette époque. Les démolisseurs espéraient trouver là des trésors cachés.

Les trois galeries de l'église se terminent chacune par un autel. Celui du milieu est dédié à saint Saturnin, patron principal de la paroisse; celui du côté droit à Notre-Dame; celui du côté gauche à saint Roch.

Ces trois autels étaient en pierre avant la révolution de 1793. Le grand autel seul a été conservé. Les deux petits ont été démolis et reconstruits en bois.

Le pavé était, autrefois, partie en pierres tumulaires, partie en carrelage de briques. On l'a remplacé, depuis quelques années, par un dallage en pierre de liais blanche et en marbre noir : véritable objet de luxe, et d'un très-bel effet.

L'église d'Antony possède nombre de tableaux, dont quelques-uns sont estimés, entre autres un *Ecce Homo*, qu'on croit de Lebrun, une tête de solitaire de l'école espagnole, et une Vierge copiée de Murillo.

Elle est riche en ornements et en vases sacrés, dont quatre en vermeil : un ostensoir, un calice, un ciboire et des burettes, achetées, en 1851, du produit d'une souscription.

Mais, ce qui lui fait le plus d'honneur, c'est le personnel des employés du chœur. Ils sont tous du pays, et en nombre suffisant pour mettre au complet le chant et les cérémonies. Les bonnes leçons qu'ils ont reçues et une longue expérience leur donnent une assurance rare, un accord soutenu, de telle sorte que les étrangers qui assistent aux offices les jours de grandes fêtes disent, sans hésiter, que le chœur d'Antony ressemble à celui d'une cathédrale.

Le clocher a été construit sur le bas côté nord de l'église, et ne fait point saillie à l'extérieur. La maçonnerie en est nécessairement massive, et diminue considérablement la largeur et la hauteur de la galerie, ce qui interrompt de ce côté la ligne des piliers et blesse l'harmonie de tout l'édifice. Mais il n'est pas sans mérite à l'extérieur. Vu à distance, surtout du côté du pont et de la route d'Orléans, il plaît à l'œil par la hauteur et la hardiesse de sa flèche, par l'élégance de ses formes et par la régularité de ses proportions.

Mais on voit avec peine que la flèche est inclinée au sud-ouest, et que son axe n'est pas perpendiculaire à sa base. Est-ce un vice de construction? est-ce un accident causé par le temps?

Certains disent que l'architecte lui a donné cette inclinaison pour la rendre plus solide contre les vents du sud-ouest, si violents dans ce pays.

D'autres pensent, avec plus de vraisemblance, que la toiture n'ayant pas été entretenue pendant la révolution de 1789, la charpente, pourrie à sa base par les pluies, qui viennent presque toutes de ce côté, a manqué d'appui et s'est affaissée.

L'abbé Lebeuf affirme que le clocher d'Antony était surmonté d'une pyramide en pierres de taille et d'une grande beauté. D'autres historiens de Paris semblent confirmer cela, en disant que de ce clocher on jouissait d'un panorama magnifique; dans l'état actuel, impossible de voir la campagne au loin.

La flèche qui existe aujourd'hui a été évidemment faite sur le modèle de celle du clocher de Saint-Germain-des-Prés.

L'église d'Antony jouit du privilége assez rare de la consécration épiscopale. Les croix rouges qu'on voit sur les murs en sont la preuve ordinaire; mais une preuve authentique, c'est le procès-verbal de cette cérémonie, faite par Claude Cogueley, évêque de Digne, doyen de l'église de Meaux, sur la de-

mande de Philippe Laurent, prieur claustral, avec
permission de Henri de Gondy, évêque de Paris,
sous le curé Guillaume Briant, prêtre du diocèse
de Lisieux.

L'original de ce procès-verbal sur parchemin
existe encore; il est déposé dans une boîte de fer-
blanc sous la pierre sacrée de l'autel de Notre-
Dame. J'en ai trouvé une copie dans le cartulaire
de l'abbaye de Saint-Germain-des-Prés, aux archives nationales. Dans cette même boîte se trouvent des reliques de saint Léger et de saint Processe.

Voici le texte de ce procès-verbal :

Ad perpetuam rei memoriam.

In nomine Domini nostri Jesu Christi. Amen. Anno Domini
millesimo sexcentesimo primo, die primâ mensis julii, ego
Claudius Cogueley, episcopus Dignensis, de licentiâ reverendi
domini episcopi Parisiensis consecravi ecclesiam de Antho-
niaco diœcesis Parisiensis, et altare hoc in honorem beatis-
simæ Mariæ, et reliquias sanctorum martyrum Leodegarii et
Processi in eo inclusi, singulis Christi fidelibus hodiè unum
annum, et in die universario consecrationis hujus modi ipsam
visitantibus quadraginta dies de verâ indulgentiâ in formâ
Ecclesiæ consuetâ concedens.

Claudius Cogueley, episcopus Dignensis.

La pierre sacrée du grand autel et celle de l'autel de la Sainte-Vierge ont été consacrées par monseigneur Bernet, alors évêque de la Rochelle, le
19 décembre 1827.

Le 20 novembre 1618, les marguilliers de l'église
d'Antony firent concession à perpétuité de la chapelle de Saint-Roch à la dame Marguerite Bizot,

veuve Jean Haultain, médecin ordinaire du roi, à la charge par elle de payer trois cents livres, et de fournir deux ornements et deux aubes. Cette concession fut révoquée plus tard, pour cause de non-exécution des conventions.

On lit, dans cet acte, que cette chapelle était sous l'invocation de quatre patrons : saint Roch, saint Sébastien, saint Jacques et saint Antoine. Ces quatre saints étaient représentés dans autant de vitraux de couleur, de forme elliptique, placés chacun dans un compartiment carré. Un de ces vitraux a totalement disparu ; il ne reste, d'un autre, que l'entourage de plomb qui le portait ; celui de saint Roch ne présente plus que le chien et les pieds de ce personnage ; mais celui de saint Sébastien existe tout entier. Il est parfaitement conservé, d'une fraîcheur et d'une vivacité de couleurs étonnantes, et d'une perfection de dessin qui fait dire aux connaisseurs que c'est un petit chef-d'œuvre. C'est un groupe de trois personnages, deux bourreaux armés de flèches, et le martyr attaché à un palmier d'une magnifique beauté, le tout sur un seul verre.

L'église d'Antony a été volée dans la nuit du 3 août 1782, à deux heures, par trois malfaiteurs ; ils s'y introduisirent en démolissant deux marches de pierre de taille par lesquelles on montait au seuil de la porte communiquant du jardin du presbytère à l'église. Ils brisèrent la serrure du tabernacle, et enlevèrent le saint ciboire, qui était en ar-

gent, en profanant les saintes hosties; ils enlevèrent aussi une lampe en cuivre argenté, suspendue
devant l'autel de la Sainte-Vierge. Ils sortirent en
forçant le gros cadenas de la porte. Une délibération du conseil de fabrique, du lendemain 4 août,
dispose que le ciboire sera remplacé, et qu'il sera
fait des travaux pour la sûreté de l'église. C'est
alors que les murs de la sacristie furent fortifiés
d'une doublure intérieure, en fortes planches de
chêne, attachées au mur par des bandes de fer qui
existent encore.

Ces précautions n'ont point empêché un vol plus
considérable qui eut lieu le 15 avril 1791, et qui fit
perdre à l'église la totalité des vases sacrés et les
autres meubles de prix. La fabrique, par délibération du même jour, consacra à l'acquisition des objets les plus nécessaires, d'abord une somme de
trois cents francs, donnée par madame veuve Mu-
tel pour fonder un salut solennel le jour de l'Assomption, 15 août, et ensuite une somme de trois
cent quarante-six livres trois sols six deniers, qui
se trouvaient en caisse. Les objets en argent coû-
tèrent seuls plus de six cents francs.

La fabrique, déjà organisée d'après les lois de la
République, ne prévoyait pas, sans doute, que dans
peu de temps, l'église serait de nouveau volée, spo-
liée, ruinée par des voleurs d'une autre espèce, les
législateurs furibonds de l'époque. (Décr. du 23 octobre 1790).

Ils furent trop bien secondés par un petit nombre

d'habitants du pays. Tout ce qui servait au culte fut vendu, volé ou brûlé. La châsse de saint Saturnin, avec les reliques et les tableaux, furent livrés aux flammes sur la place du Carrousel.

L'église devint salle à danser, salle de spectacle, fabrique de salpêtre. Le zèle pour la dévastation alla au point qu'on descendit trois cloches sur quatre du clocher, et qu'on arracha les grilles en fer du chœur pour porter le tout à Paris. Ces hardis républicains s'attendaient à un accueil gracieux et comptaient peut-être sur la couronne civique. Ils ne trouvèrent personne qui voulût les recevoir ni leur indiquer où déposer leur charge sacrilége. Les bonnes gens ! ils ne connaissaient ni les révolutions ni les révolutionnaires.

Il est dit dans le cartulaire, qu'en 1666, le curé et les marguilliers obtinrent la permission de bâtir une sacristie qui existe encore sous le nom de Vieille Sacristie, et les religieux de Saint-Germain donnèrent le terrain qui fut pris dans la cour de leur ferme. On lui donna les dimensions de dix pieds et demi sur dix-neuf et demi. Il existait alors une fenêtre dans le gros mur de la chapelle donnant sur la cour de la ferme ; il fut stipulé que cette fenêtre ne pourrait être entièrement fermée. Elle l'a été cependant depuis.

Où était donc la sacristie antérieurement ? On est réduit à croire qu'il n'y en avait point, ou bien qu'elle se trouvait dans le carré du clocher ; et ce qui le fait supposer, c'est la grande ouverture qui

sort sur le chœur et qui pouvait servir de porte à la
sacristie.

En 1840, le département accorda une somme de
quatre mille francs pour construire une nouvelle
sacristie, plus grande que celle dont je viens de
parler. Elle a été bâtie sous l'administration de
M. Gueyton, alors curé, et les armoires, avec les
décorations intérieures, ont été faites depuis ma
nomination à la cure d'Antony.

Cette sacristie est vraiment remarquable et fait
honneur au pays. Le seul défaut qu'on lui reproche,
c'est d'avoir été placée au nord; mais à l'époque où
elle a été faite, il était impossible de la mettre ailleurs. Aujourd'hui même cela serait bien difficile
et bien coûteux.

La porte d'entrée de l'Église est couronnée d'un
arc surbaissé, orné de deux chérubins ailés, pré-
sentant de leurs mains un écusson vide, et de six
oiseaux fantastiques, appartenant à la classe des
hiboux; on voit au sommet de l'arc une grande
rose très-bien sculptée. Le prisme se montre
dans cette ornementation, et annonce l'époque du
seizième siècle, à laquelle appartient en effet l'architecture de cette porte. L'œil-de-bœuf ou rosace
qui la surmonte est fort simple et n'a rien de remarquable.

Lors des travaux d'embellissement, exécutés sur
le portail en 1851, on a trouvé dans le mur une
pierre de taille richement sculptée dans le style du
treizième siècle. C'était, sans aucun doute, le cou-

ronnement d'une niche de saint, telle qu'on en voit
dans les belles églises gothiques de cette époque (1).
C'est, à mes yeux, une preuve que l'église d'Antony
a été primitivement bâtie tout entière dans le style
du chœur, c'est-à-dire vers le douzième ou treizième
siècle ; mais que les quatre premières travées se
sont écroulées, probablement lorsque le mur du
chevet a été poussé en dehors, comme on le voit
encore aujourd'hui, et qu'elles ont été rebâties
vers 1550 avec les formes que l'art gothique avait
prises alors.

Il a été érigé, au mois de février 1806, une confrérie du rosaire dans la chapelle de la Sainte-
Vierge. Le cardinal Caprara, archevêque de Milan,
légat *à latere* du pape Pie VII, autorisa l'archevêque
de Paris ou ses grands vicaires à établir cette confrérie sur la demande du curé et des habitants, et
il l'enrichit d'une indulgence plénière à gagner le
jour de la réception, le jour de la principale fête
de la confrérie et à l'article de la mort.

En vertu de cette autorisation, l'archevêque de
Paris, Jean-Baptiste de Belloy, cardinal de l'église
romaine, approuva l'érection de la confrérie et son
règlement, le 15 février 1806. Cet acte porte la
signature de M. D'Astros, alors vicaire général de
Paris et depuis archevêque de Toulouse et cardinal.

C'est ainsi que cette confrérie a été rétablie

(1) Elle avait été employée comme simple pierre à bâtir, et on
en voit d'autres ayant appartenu à des colonnettes dans l'intérieur
du comble de l'église, faisant partie des murs.

après la révolution de 89 ; les deux actes dont je viens de parler se trouvent dans les registres de la confrérie.

Mais elle existait antérieurement et remontait à l'année 1601. J'en ai trouvé des traces dans les registres de la paroisse de cette époque, sous le curé Briant.

RÉGIME FÉODAL D'ANTONY.

On lit dans l'abbé Lebeuf (tome IX, page 352) :
« Entre plusieurs terres voisines de Paris, pos-
« sédées par l'abbaye de Saint-Germain-des-Prés,
« Antony n'est pas des moins considérables. Elle a
« été cependant, autrefois, plus étendue qu'elle
« n'est aujourd'hui, car Verrières en faisait partie
« primitivement. . . . .

   « C'est aussi à l'abbaye de Saint-Germain-des-
« Prés qu'appartient la seigneurie. Ce qui le prouve,
« après la charte de l'an 829, est le diplôme de
« Charles-le-Chauve de l'an 872, lequel compte
« parmi les terres qui sont confirmées à ce monas-
« tère, *in pago Parisiaco Antoniacum, et Spinogilum*
« *et Villulam Canticantum.*

   « Antony avait alors un grand nombre de dépen-
« dances ; on doit le conclure d'une charte du
« roi Robert de l'an 1027, à l'occasion de droits
« et coutumes qu'un nommé Pépinel Guérin voulut
« exiger. L'abbé Guillaume obtint de diplôme,
« pour arrêter les entreprises de cet homme qua-

« lifié de *vicarius* ou *viarius*, les dépendances d'An-
« tony, qui y sont ainsi spécifiées : in Roricurte,
« villa Osii, villa Grès, villa Malues, villa Vedra-
« rias, villa Culez, villa Belonis ou Boldinis. »

Les droits des religieux à la seigneurie d'Antony
étaient donc parfaitement bien établis : sur trois
titres, la charte de 829, dont le texte se trouve
dans le cartulaire, celle de Charles le Chauve en
872, et celle du roi Robert en 1027.

Il est, de plus, certain que la seigneurie d'Antony avait des dépendances dont cette localité était
le chef-lieu. Ces dépendances, désignées dans la
charte du roi Robert en mauvais latin de l'époque,
paraissent d'abord difficiles à comprendre ; mais
avec un peu d'attention, on en trouve bientôt la
signification que voici :

Villa Osii.	Village de Wissous.
Villa Gres. ·	Village ou moulin de Grez.
Villa Malues.	Village de Massy.
Villa Vedrarius. . . .	Village de Verrières.
Villa Belonis ou Boldinis.	Village de Villaines.

Villa Culez est ou Châtenay ou Amblainvilliers,
qui peut avoir changé de nom, ce qui n'était pas
rare à cette époque ; car il est certain, par d'autres
documents, qu'Amblainvilliers avait pour seigneurs
les religieux de Saint-Germain.

Je placerai ici une observation au sujet du nom
latin de Massy, appelé dans cette charte Malues,
qui, par syncope, est pour Malalues. Ce mot signifie mauvaise maladie. Il y avait effectivement

une léproserie à Massy. J'en ai trouvé la preuve en plusieurs endroits, et particulièrement dans un acte de 1345.

Mais je dois dire aussi que ce village a été érigé, plus tard, en seigneurie indépendante d'Antony. Il en était de même de Châtenay et de Wissous, qui avaient pour seigneur l'évêque de Paris.

Quoique les droits des religieux de Saint-Germain à la seigneurie d'Antony fussent très-bien établis, ils leur furent cependant contestés par deux concurrents.

Le premier fut Églon de Solière, religieux du monastère de Cormery, diocèse de Tours, qui se disait seigneur d'Antony par provision de la cour de Rome. Le procès fut porté devant le pape Grégoire II. Églon ne comparut pas et fut débouté de sa demande. Voici ce que j'ai trouvé dans le cartulaire à ce sujet :

« Trois actes en latin et parchemin auxquels sont attachés les sceaux de l'an 1375, concernant un procès entre les abbés et religieux du monastère de Saint-Germain-des-Prés-lès-Paris, d'une part, et A. Églon de Solière religieux du monastère de Cormery, diocèse de Tours, ce dernier se prétendant possesseur, par provision, de la cour de Rome, de la maison et domaine d'Antony. Condamnation par une première sentence de la cinquième année du pontificat de Grégoire II, dont la teneur suit :

« Nous, Guillaume, cardinal du titre de Saint-Vital, après avoir invoqué et ayant uniquement

Dieu en vue; vu et examiné le procès susdit, par avis du conseil, par cette, notre sentence définitive, avons prononcé, décerné, ordonné et déclaré les abbés et religieux susdits renvoyés et absous de toutes les demandes dudit Ëglon de Solière, et l'avons condamné aux dépens, la taxation desquels à nous réservée, en foi de quoi nous avons ordonné à Arnout Lacaille, notaire public et secrétaire en cette cause, d'apposer notre scel auxdites lettres de sentence définitive et de la publier et promulguer partout où besoin sera. »

Ëglon ayant fait défaut, une bulle de Grégoire II confirma la sentence du cardinal Guillaume de Saint-Vital. Je crois inutile d'en inscrire ici le texte, qui se trouve dans le cartulaire.

La seigneurie d'Antony avec les droits de haute, moyenne et basse justice, fut encore disputée aux religieux de Saint-Germain par *damoiselle* Catherine Régnault, veuve de feu M. de Harlai, dame du fief de la tour d'Antony.

Les religieux prouvèrent que de temps immémorial ils étaient en possession de la seigneurie avec tous ses droits et qu'ils avaient fait bâtir l'église d'Antony.

Il fut, en conséquence, rendu en leur faveur le 10 septembre 1522, une sentence qui mit à néant les prétentions de la damoiselle Catherine Régnault.

Dans le cours du dix-septième siècle, les religieux agrandirent considérablement le cercle de leur seigneurie et de leurs terres.

Par acte reçu, Jaque et Gauthier, notaires
à Paris, le 15 septembre 1653, le sieur de Lyonne,
seigneur de Fresnes, acheta de M. de Bellièvre, premier président du parlement de Paris, à titre d'é-
change, la terre et seigneurie de Berny, dépendante
des religieux de Saint-Germain, à qui il promit de
rendre hommage et de payer les redevances qui
leur étaient dues; mais trente ans après, cette terre
devint la propriété des religieux, comme nous
allons le voir.

A cette époque, le roi Louis XIV faisait bâtir le
palais de Versailles, et ne négligeait rien pour em-
bellir cette nouvelle résidence royale.

En 1586, il rendit une ordonnance par laquelle
il se réservait le droit de chasse dans les terres de
Meudon, Vaugirard, Vanves, Issy, Fleury, Clamart,
Montrouge, Châtillon, Bagneux, Fontenay-sous-
Bagneux, Châtenay, Verrières, Sceaux, Antony,
Bourg-la-Reine, Arcueil et Gentilly.

Par acte reçu, Garnou et Lemoyne, notaires, le
5 janvier 1630, les religieux de Saint-Germain-des-
Prés-lès-Paris, capitulairement assemblés, accor-
dèrent à messire Michel de Marillac, garde des
sceaux de France, Antoine Coiffier, marquis
d'Effiat, surintendant des finances, et M. de Mesmes
seigneur de Roissy, conseiller du roi, commis et
députés pour le roi, pour cet objet, l'autorisation
de faire deux routes dans le bois de Verrières,
appelé les Buissons de la Chasse de sa Majesté, étant
pour la plupart des dépendances des terres et sei-

gneurie d'Antony et Verrières, partant l'une de l'extrémité du bois vers Bièvre-le-Chastel et finissant à l'autre extrémité vers Châtenay au lieu dit la Porte du bois, l'autre commençant à l'extrémité du bois vers Villacoubley et finissant à l'autre extrémité vers Verrières; moyennant la somme de 3,600 fr., qui est à raison de 300 fr. l'arpent.

Le 23 décembre 1682, les sieurs Thaumas vendirent au roi 15 arpents de terre sis au terroir de Verrières au prix de 4,605 francs.

Enfin, le 21 avril, le roi fit demander aux religieux de Saint-Germain de lui vendre les bois de Verrières, de Montéclin et d'Amblainvilliers. Ceux-ci lui en cédèrent 100 arpents pour les sommes de 297,200 livres tournois.

Mais le roi exigea que la plus grande partie de la somme fût employée en acquisitions d'immeubles. Pour remplir cette condition, les religieux achetèrent les terres de Berny, Fresne, Laï, la seigneurie de la tour d'Antony, la ferme du Pont, portant pour enseigne la Croix Blanche, et plusieurs terres, sises aux terroirs d'Antony, Sceaux, Châtenay, Bourg-la-Reine, Chilly, Laï, Rungis. Toutes ces terres avaient été saisies sur la succession de M. de Lyonne, et vendues par autorité de justice.

Dès que les religieux furent en possession de la seigneurie de Berny, le beau château de cette localité, situé dans la prairie, sur la Bièvre, devint la maison de campagne des abbés de Saint-Germain-des-Prés.

Sous le règne de Louis XV, un des grands seigneurs de sa cour, le comte de Clermont, abbé de Saint-Germain, y faisait sa résidence, et y vivait avec une magnificence qui tenait plus de l'homme du monde que d'un religieux ; mais il n'était pas prêtre, et n'avait reçu d'autres ordres que la simple tonsure, qui ne lui imposait pas les obligations de la vie sacerdotale.

C'est lui qui reçut dans ce château de Berny cette jeune princesse d'Espagne qui, à peine âgée de quatre ans, fut envoyée auprès du jeune roi Louis XV, dont elle devait devenir l'épouse. Elle passa quelques jours à Berny avec toutes les dames et autres personnes de sa suite, et fit ensuite son entrée à Paris avec tout l'appareil et le cérémonial d'une réception royale. « On dit qu'elle est plus jolie que « laide, dit le journal de M. Barbier, qu'elle est « petite pour son âge, mais qu'elle a infiniment « d'esprit et de vivacité. Le lendemain de son « entrée le roi lui donna une poupée de 24,000 fr.»

On sait qu'elle fut bientôt renvoyée à la cour d'Espagne. L'honneur d'épouser Louis XV était réservé à Marie Leczinska, fille du roi de Pologne, Stanislas. Mars 1722.

Mais ni l'abbé de Saint-Germain ni les religieux en corps n'ont jamais habité Antony, quoi qu'en disent les gens du pays, qui en font les anciens propriétaires de presque tout le village.

Ils n'avaient à Antony d'autre habitation que leur maison seigneuriale, qui existe encore aujour-

d'hui, et forme les bâtiments compris depuis le
Carrousel jusqu'à la nouvelle rue Persil. A côté se
trouvait leur ferme d'Antony avec la grange dîmeresse, aujourd'hui entièrement démolies.

C'est dans cette maison que logeaient les gens de
la justice d'Antony et les religieux chargés de l'administration des biens. Là se trouvaient l'auditoire
ou salle d'audience, les prisons et autres appar-
tements nécessaires au gouvernement de la seigneurie.

Pour que la vérité soit bien connue au sujet des
revenus des religieux, je dois rappeler ici deux
baux à ferme qui se trouvent dans le cartulaire.

Le premier, qui est du 18 janvier 1614, porte
que la seigneurie d'Antony était louée pour la
somme de 1,600 livres tournois, un muid de blé
froment, cinq muids de blé méteil, deux muids
d'avoine, deux porcs gras de la valeur de quinze
livres, six boisseaux de noix, deux cents gerbes de
fèves, avec charge d'entretenir les bâtiments. Ce
bail comprenait 140 arpents de terre labourable,
30 arpents de pré, 140 arpents de bois, le moulin
d'Antony et les dîmes des grains.

Le second, daté du 24 mars 1622, ne diffère du
précédent que par la somme d'argent, qui est de
1,800 livres.

Je me fais un devoir de rapprocher de ce chiffre
celui du cens que payaient les terres d'Antony appartenant aux particuliers; il est marqué en détail
sur le plan terrier dressé en 1788, qui est encore à

la mairie, et que chacun peut consulter. Ce cens
était de 4 deniers par arpent, c'est-à-dire 5 centimes pour 3 arpents, 50 centimes pour 30 arpents,
et 5 fr. pour 300 arpents.

On se souvient encore dans le pays avec quels
égards et quels ménagements se faisait la percep-
tion des redevances seigneuriales. Les religieux,
sur des réclamations légères et quelquefois fausses,
accordaient remise totale ou partielle du cens, de
la dîme, et même du prix des baux à loyer.

Ces charges n'étaient donc pas lourdes; et si on
fait attention qu'alors la taille perçue pour le tré-
sor public était extrêmement légère, on en con-
clura que les seigneurs d'Antony étaient loin de retirer de cette terre tout ce qu'on dit, et que sous
ce régime les charges publiques étaient bien moins
pesantes qu'elles ne le sont aujourd'hui.

En 1248, Thomas de Mauléon, abbé de Saint-
Germain-des-Prés-lès-Paris, affranchit ses vassaux
d'Antony et de Verrières; ce que firent aussi plusieurs autres seigneurs sous l'heureuse influence
du règne de saint Louis. Cette mesure, sage et po-
litique, avait pour but de rendre à l'homme sa di-
gnité naturelle, et de diminuer la puissance alors
trop redoutable des grands vassaux de la couronne.

Cette faveur ne fut pas néanmoins tout à fait
gratuite: Thomas de Mauléon y mit pour condition
que les habitants de la terre d'Antony et Verrières
payeraient au monastère, le lendemain de la Purifi-
cation, une somme annuelle de 100 livres; que les

religieux auraient en ce lieu des moulins, des fours
et des pressoirs banaux ; qu'ils prendraient en
vendange, dans chaque muid, deux pintes de mère-
goutte et la troisième partie du vin de pressurage ;
qu'ils auraient droit à certaines corvées, et à des
lits garnis pour l'abbé et les religieux lorsqu'ils
viendraient à Antony.

Ces cent livres, comme les autres redevances
seigneuriales, ne furent point payées avec exacti-
tude. Cent dix ans après, le 11 février 1358, Charles V, alors régent du royaume, donne des lettres
assignant aux requêtes du palais les habitants
d'Antony, pour être condamnés à payer 100 livres
Parisis qu'ils devaient aux religieux de Saint-Germain-des-Prés. En voici le texte, qui reproduit le
style pratique de l'époque :

Karolus, Regis Francorum primogenitus, regnum regens,
dux Normannorum et dalphinus Viennensis, primo hostiario
parlamenti qui super hec fuerit requisitus, salutem. Conquesti
sint nobis religiosi abbas et conventus santi Germani de pratis
propè Parisius quod, licet homines et habitantes ville sue de
Antongnyaco et potestatis ejusdem teneantur et sint efficaciter
obligati solvere eisdem religiosis, anno quolibet, in crastinà
die Purificationis Beate Marie Viginis, centum libras pari-
sienses, et, in defectu solutionis dicte summe, dicti Religiosi
possint facere venditioni exponi omnes domos, vineas, heredi-
tagia et alia quecumque bona mobilia et immobilia dictorum
habitancium et eorum cujus libet ; ipsaque in manu suâ, tan-
quam in manu mortuâ, tenere, quousque de dictà summâ fuerit
eisdem plenariè satisfactum, prout, per certas cartas, sigillo
regis tunc Francie sigillatas, latiùs dicitur apparere. Nichilominùs quia dicti habitantes, seu eorum aliqui, extrà dictam
villam et potestatem ejusdem et in diversa loca se transtulisse

dicuntur ; ipsi, de dictâ summâ, pro termino ultimo preterito, eisdem religiosis satisfacere renuunt et recusant indebitè et injustè, in ipsorum grave prejudicium atque dampnum, *sicut* dicunt ; quocirca à nobis, super hec, remedio implorato, tibi committimus et mandamus, quantùm omnes illos quos dictam summam eisdem Religiosis debere noveritis, ad satisfaciendum eisdem de dictâ summâ, secundum tenorem dictarum cartarum, viriliter et debitè compellas. Et si ipsi aut eorum aliquis ad hec se opponere voluerit, manu regiâ et nostrâ, usque ad valorem dicte summe, sufficienter munità, opponentes ipsos, ad certam et competentem diem, coram dilectis et fidelibus gentibus Requestarum palacii regii Parisius adjornes super oppositione hujusmodi processuris et ulterius facturis quod fuerit racionis, certificando competenter dictas gentes de adjornamento predicto, nominibus adjornatorum, ac aliis que feceris in premissis. Quibus eciam gentibus damus, tenore presentium, in mandatis committendo, quod, partibus auditis super oppositione hujus modi et ejus dependenciis, exhibeant, summariè et de plano, bonum et breve justicie complementum ; quod dictis Religiosis concessimus, de gratiâ speciali, per presentes ; litteris subrepticibus in contrarium impetratis vel impetrandis non obstantibus quibuscumque.

Datum Parisius, xlª die februarii, anno Domini millesimo CCCº quinquagesimo octavo.

Per dictum regentem ad relacionem consilii,

Douhem.

(Archives de l'État, série K, carton 47, pièce 52.)

On a publié dans les journaux, le 13 janvier 1852, ce qui suit :

« Un curieux monument de notre histoire nationale vient d'être découvert chez un bouquiniste du quai Voltaire. C'est une charte du treizième siècle, qui établit quel était à cette époque l'état social de cette partie de la population parisienne qui ne re-

levait pas directement de l'autorité royale. Voici la
traduction de cette pièce écrite en latin :

« Qu'il soit notoire à tous ceux qui ces présentes
verront, que nous, Guillaume, évêque indigne de
Paris, consentons qu'Odeline, fille de Radulphe
Gaudin, du village de Cérès (Wissous, près Antony, qui avait anciennement un temple dédié à
cette divinité), femme de corps de notre église,
épouse Bertrand, fils de défunt Hugon, du village
de Verrières, homme de corps de l'abbaye de Saint-
Germain-des-Prés, à condition que les enfants qui
naîtront dudit mariage seront partagés entre nous
et ladite abbaye ; et que, si ladite Odeline vient à
mourir sans enfants, tous ses biens mobiliers et
immobiliers nous reviendront ; de même que tous
les biens mobiliers dudit Bertrand retourneront à
ladite abbaye s'il meurt sans enfants.

« Donné l'an 1242.   *Signé* : GUILLAUME. »

C'est Guillaume d'Auvergne, évêque de Paris,
de 1227 à 1249.

Ces sortes de droits seigneuriaux furent abolis
six ans plus tard, en 1248, comme nous l'avons vu
plus haut, sous le règne de saint Louis.

JUSTICE D'ANTONY.

———

Nous avons déjà vu que l'abbé et les religieux de Saint-Germain-des-Prés avaient droit de haute, moyenne et basse justice dans leur terre d'Antony.

Il est impossible de savoir au juste en quoi consistaient ces trois degrés de puissance judiciaire. Les auteurs de jurisprudence ancienne s'accordent à dire que la question est des plus obscures. Mais, en examinant les actes émanés de la justice seigneuriale d'Antony, on y trouve des condamnations à la peine capitale, des condamnations pour délits contre les propriétés, et des condamnations pour défaut de payement des redevances seigneuriales. Ces trois sortes de jugements rendus indiquent approximativement les trois degrés de haute, moyenne et basse justice dont les seigneurs d'Antony ont fait usage, s'ils ne fixent pas leurs limites de droit commun.

Nous avons déjà parlé de Pépinel Guérin, appelé ailleurs Pépinel Garin, qui commettait toute sorte de brigandages dans la terre d'Antony et Verrières.

L'historien Dulaure parle du même individu en ces
termes : « Les habitants d'Antony et de Verrières
étaient soumis au même vicaire ou vicomte (1027),
appelé Pépinel Garin, qui accablait ses subordon-
nés de vexations et de mauvais traitements. Les
moines de Saint-Germain-des-Prés, seigneurs de
ces deux villages, portèrent leurs plaintes au roi
Robert, qui ordonna que Garin, pour établir ses
droits, se battrait en champ clos contre les habitants. Ceux-ci avaient tout disposé pour le combat; mais Garin refusa de s'y présenter, et le roi
Robert le destitua de son emploi de vicomte. »

De plus, le cartulaire porte copie d'un acte de
l'année 1030 par lequel Aldrade, abbé du monastère de saint Vincent et saint Germain, aurait formé
des plaintes au roi Robert aux fins d'obtenir la
restitution de la vicairie d'Antony et de ses dépendances, usurpées par Garin injustement. Ledit
seigneur roi, du consentement de la reine Con-
stance, a ordonné audit Garin de rendre audit
abbé tout ce qu'il avait usurpé à Antony, tant en
maisons qu'en terres, chemins, et généralement
ce qui appartenait auxdits religieux.

Quel était donc ce personnage qui, sous le nom
de vicaire, exerçait une si cruelle tyrannie au mé-
pris des seigneurs du lieu et du roi lui-même aux
portes de Paris?

Ce n'était point le prêtre chargé du ministère
paroissial, car, dans leur plainte au roi, les religieux
supposent que la vicairie leur appartient, puisqu'ils

en demandent la restitution : or, il est certain qu'ils
ne furent chargés des fonctions curiales que vingt
ans après, la cinquième année du règne de Henri Ier,
fils de Robert, par l'évêque de Paris Imbert, comme
nous l'avons vu.

D'après les recherches que j'ai faites, il faudrait
donner à ce Pépinel Garin des qualités et titres
d'une autre nature.

J'ai lu à la bibliothèque nationale un ouvrage en
deux volumes in-4° par Bergier, ayant pour titre
les Grands Chemins des Romains. Il y est dit que lorsque les Romains avaient construit leurs routes, ils
établissaient dans les bourgs et villages, de distance
à distance, des chefs appelés tantôt *vicarii (chefs
de bourg)*, tantôt *viarii (chefs de route)*, qui étaient
chargés de l'entretien et de la surveillance des
chemins.

Comme la tour d'Antony était un fort romain, et
qu'une voie romaine y passait très-probablement,
il devait y avoir un *vicarius* ou un *viarius*, et peut-
être l'un et l'autre à Antony.

Les Romains furent chassés des Gaules à la fin
du cinquième siècle ; mais leurs institutions durè-
rent longtemps après eux ; beaucoup de villes et de
villages portent encore les noms qu'ils leur ont
donnés ; leur langue a fourni les deux tiers de celle
que nous parlons aujourd'hui, et fut la seule employée dans les actes publics et le barreau jusqu'au
milieu du seizième siècle, sous François Ier. Cela
posé, on peut croire qu'il y avait un *vicarius* (vi-

caire) à la tour d'Antony dans le onzième siècle,
exerçant une certaine magistrature, ou occupant
du moins cette demeure ; et je n'hésite pas à dire
que ce Pépinel Garin n'était autre que le vicaire ou
maître de la tour, soit par succession, soit plutôt
par usurpation, comme l'exprime la plainte des
religieux.

C'était dans ce fort que ce brigand avait établi sa
demeure, comme Cacus dans son antre ; c'est là
qu'il mettait en sûreté sa personne, sa famille et
ses rapines ; c'est du haut de cette tour qu'il bravait
les seigneurs du pays et les rois de France, et c'est
peut-être à cause des richesses accumulées dans ces
murs qu'ils ont porté le nom de tour d'argent.

Dulaure a cru que le mot vicaire peut se tra-
duire par vicomte. Il y a en effet des vicomtes qui
n'étaient autre chose que des receveurs des deniers
publics, ou des lieutenants chargés par les seigneurs de prononcer dans les causes de moyenne
et basse justice. Cette explication ne s'éloigne pas
beaucoup de la nôtre, et, comme la nôtre, elle exclut
l'idée d'un vicaire perpétuel ou d'un curé. L'abbé
Lebeuf, de son côté, qualifie Garin de *vicarius* ou
viarius, et ce dernier mot ne peut nullement s'ap-
pliquer à un vicaire-prêtre, et signifie littéralement
commissaire voyer.

Si on consulte le dictionnaire de Trévoux, on
verra que les vicaires chez les Romains étaient des
lieutenants envoyés dans les provinces par l'em-
pereur.

Le mot *vicaire* avait aussi à cette époque une autre signification : il s'employait dans le sens de fermier, mais non dans le sens qu'on lui donne aujourd'hui, de prêtre adjoint à un curé.

En 1152, il s'éleva un différend sérieux entre Étienne, seigneur de Massy, et Geoffroy, abbé de saint Germain-des-Prés. C'était au sujet des limites des deux territoires. La question était obscure, les titres manquaient ; les témoignages étaient contradictoires. Pour mettre fin à cette affaire, qui divisait les deux populations et occasionnait des rixes, il fut convenu qu'on en remettrait la décision au jugement de Dieu. C'est ainsi qu'on appelait alors des épreuves par l'eau, le feu, le fer, le duel qu'on faisait subir à deux parties qu'il n'était pas possible de mettre d'accord par d'autres moyens. Nos bons pères croyaient que Dieu ne permettait pas que l'innocent succombât, et qu'il ne manquait pas de confondre le coupable.

Les habitants de Massy choisirent donc un champion, et ceux d'Antony un autre. Le combat s'engagea dans la prairie du vallon qui sépare les deux villages. Les deux champions sortent des rangs et s'avancent l'un contre l'autre entre les deux populations. Celui d'Antony, plus fort ou plus heureux, porte un terrible coup de poing à son adversaire, et lui arrache un œil ; il le saisit ensuite, le renverse, et ne lâche prise que quand le malheureux se déclare vaincu.

Les habitants de Massy ramassent leur champion

éborgné, et regagnent tristement leurs foyers ; ceux
d'Antony entourent le leur, le comblent de félici-
tations, et le ramènent triomphant chez eux au
milieu de leurs applaudissements et de leurs chants
de joie. (*L'abbé Lebeuf et le Cartulaire.*)

En rapprochant ce fait du défi porté par les habitants d'Antony à Pépinel Garin, nous trouvons
deux cas de jugements par duel dans l'histoire de
ce village. Les exemples de ce genre de justice
n'ont pas été rares dans le moyen âge, et les historiens blâment avec énergie cet usage déplorable
qui livrait au hasard la vie ou l'honneur d'un
innocent.

En condamnant, comme eux, cet indigne abus,
je ne puis, cependant, me défendre d'une réflexion
sur notre système de justice actuel.

L'organisation du jury ne laisse-t-elle pas aussi
quelque chose au hasard ? Les jurés ne sont-ils pas
tirés au sort ; et le sort ne peut-il pas désigner un
juré trop indulgent comme un juré trop sévère, un
ignorant au lieu d'un savant, un idiot au lieu d'un
homme sensé, un ennemi ou un ami ?

En 1330, deux frères, Robin Lebreton et Guillaume Lebreton, avec d'autres complices, battirent
et mirent à mort Guillaume Desgrez et Robin, son
compagnon, valets meuniers du moulin d'Antony,
en passant par-devant leurs maisons. Robin Lebreton fut condamné à être pendu, en vertu d'une
sentence rendue par le juge d'Antony, qui reçut
son exécution. Mais Guillaume Lebreton, son frère,

s'étant encore rendu coupable de violences, extorsions, et même d'enlèvement d'une femme, fut poursuivi en ladite justice, à la requête du procureur d'office des religieux de Saint-Germain. Le juge, enquête et témoins entendus, et ledit Guillaume convaincu de tous les crimes susdits, le condamna au bannissement à perpétuité des terres et seigneurie d'Antony, avec confiscation des biens du coupable au profit des seigneurs et de la prévôté d'Antony.

Le 10 mars 1343, le prévôt de Paris avait condamné à la peine de mort Gauthier dit Tortefontaine, et avait prononcé la confiscation de ses biens au profit du roi, pour s'être rendu coupable du crime de lèse-majesté en contrefaisant le sceau et le contre-sceau du roi, avoir scellé plusieurs lettres et s'être approprié un profit particulier de ces scellés. Les biens du condamné se trouvant situés dans la terre d'Antony, les religieux de Saint-Germain réclamèrent ladite confiscation à leur profit, comme étant seigneurs hauts justiciers de cette terre; et le parlement de Paris leur adjugea la confiscation, contrairement aux conclusions du procureur du roi. Cet arrêt a été conservé; en voici la teneur :

Philippus, Dei gratiâ Francorum rex, universis presentes litteras inspecturis, salutem. Notum facimus quod cùm religiosi abbas et conventus santi Germani de Pratis contra prepositum nostrum Parisiensem, in nostrâ curiâ, proposuissent quod cùm Galterus dictus Tortefontaine, suis demeritis exigentibus, ad

mortem condempnatus et executus, seu justiciatus fuisset,
ipseque solus et insolidus, tempore quo captus et imprisio-
natus extiterat, nec non et tempore condempnationis et executionis predictarum, quedam bona mobilia et immobilia apud
Anthongniacum in altâ, mediâ et bassâ dictorum Religiosorum
justiciâ tanquàm sua propria teneret et possideret, dicta que
bona tanquàm confiscata, seu per forefacturam, ratione condempnationis et executionis predictarum, ad dictos religiosos,
ex consuetudine notoriâ ville et viccecomitatus parisiensis, per-
tinerent et pertinere deberent. Nichilominùs prepositus noster
predictus, bona predicta ad manum nostram posuerat, seu
poni fecerat, et in ipsis impediebat Religiosos predictos sata-
gentes eadem bona nobis applicari et appropriari indebitè et
injustè. Quarè petebant dictam manum nostram, à dictis
bonis, ad ipsorum utilitatem, levari, dicta que bona sibi libe-
rari et impedimentum in eisdem appositum, penitùs amoveri,
dicentes hoc fieri debere, plures rationes allegando ad finem
predictam; procuratore nostro, qui defensionem hujusmodi
cause pro nobis assumpsit, in contrarium proponente quod
cùm dictus Galterus Tortefontaine nostrum sigillum et contra-
sigillum falsò contrafecisset, et eis falsis sigillis pluribus annis,
plures litteras sigillasset, et emolumenta sigilli et contra-
sigilli hujus modi sibi appropriasset furtivè, in nostrum nos-
trorumque subditorum periculum et dampnum non modicum,
et ob hoc ad mortem condempnatus et justiciatus fuisset, dicta
bona nobis occasione premissâ applicari debebant, dictisque
Religiosis super hiis debebat silencium perpetuum imponi.
Predictis Religiosis in contrarium replicantibus et dicentibus,
quod crimen seu maleficium propter quod dictus Galterus
condempnatus et justiciatus extiterat crimen lese majestatis
dici non poterat, vel debebat, nec tale crimen ex quo dicta
bona nobis applicari deberent, seu dicti religiosi in eorum
applicatione jure confiscationis impediri.

Auditis igitur et diligenter attentis rationibus prepositis hinc
et indè, consideratis omnibus que nostram curiam movere po-
erant in hâc parte, habitâ super hec deliberatione diligenti.
Per arrestum curie nostre dictum fuit quod impedimentum
per dictum prepositum nostrum in dictis bonis appositum

amovebitur ad utilitatem Religiosorum predictorum et ipsum totaliter amovit, nonobstantibus propositis per procuratorem nostrum ex adverso.

In cujus rei testimonium presentibus litteris nostrum fecimus apponi sigillum.

Actum Parisius in Parlamento nostro die xᵃ maii, anno Domini millesimo CCC° quadragesimo tertio.

.   Sur le pli du parchemin,

VERRIERE,   Per arrestum curie.

(Scellé. — Archives de l'État, série K, carton 43, pièce 24.)

En 1356, Simon dit Bourgnie de Massy s'était introduit furtivement dans la maison de Jean Dubuisson de Villaines, avait fermé la porte derrière lui, cherché dans un coffre où étaient le linge et les habits pour prendre de l'argent s'il y en avait eu, et fut trouvé seul dans cette maison par les gens de la justice d'Antony, qui le conduisirent en prison et le mirent à la torture pour lui faire avouer son crime.

Il implora la clémence du bon roi Jean, qui, attendu les tourments qu'il avait soufferts en prison et la bonne conduite qu'il avait tenue antérieurement, lui fit grâce de la peine qu'il avait encourue et le mit en liberté. Voici le texte latin de cet acte de clémence :

Johannes Dei gratiâ Francorum Rex, notum facimus universis, tàm presentibus quàm futuris, quod cùm, sicut ex parte Simonis dicti Bourgnie de Maciaco, nobis fuit expositum dictus Simon maligno ductus consilio, in domum Johannis du Buisson de Villahemondi, more furtivo et illicito, cum inten-

tione et voluntate faciendi furtum intravisset, ipseque, hostio
dicte domus per ipsum clauso, in quandam archam, in quâ
erant dicti Johannis panni linei et lanei, que quidem archa
cum clave clausa seu firmata non erat, perquisivisset utrùm
esset ibi pecunia vel argentum et ibidem solus inventus fuisset
et, propter hoc, gentes seu justiciarii Religiosorum sancti
Germani de Pratis propè Parisius cepissent ipsum, ipseque
apud Antongnyacum ductus prisionarius et in carcerem dictorum Religiosorum intrusus et ob causam predictam questio-
nibus et tormentis per dictorum Religiosorum justiciarios
suppositus, factum predictum fuisset confessus. Prefati justiciarii, licet dictus Simon aliqua bona non substraxerit, seu
amoverit à domo predictà, nec aliud dampnum, seu injuriam
dicto Johanni aut alii fecerit, ipsum de terrà dictorum Religiosorum bannire, ut dicitur, ordonarunt. Undè nobis pro
parte dicti Simonis extitit humiliter supplicatum ut dicto Simoni qui aliunde bone fame fuisse dicitur, nec de alio crimine
seu delicto extitit diffamatus, nostram vellemus in hâc parte
gratiam impartiri.

Nos, auditâ supplicatione super hec nobis factà, attentisque
penâ carceris ac dolore tormentorum quos sustinuit dictus Simon ob causam predictam, eidem Simoni factum predictum ac
omnem penam et emendam criminalem, corporalem et civilem,
quam incurrere potuit et debuit, occasione supradictà, in
quantum nostrâ insterest, in casu predicto, remittimus et
quittamus de gratià speciali. Religiosis predictis et eorum
justiciariis ex eâdem gratià concedentes quantam similem vel
qualem voluerint gratiam dicto Simoni propter hoc faciant seu
facere valeant absque eo quod ipsi seu alteri ipsorum per
quencumque valeant seu debeant propter hoc in posterum molestari. Quocirca preposito parisiensi, ceterisque regni nostri
justiciariis et officiariis et eorum cuilibet mandamus contrà
prefatum Simonem dictosque Religiosos ac suos justiciarios et
officiarios et eorum quemlibet, nostrâ presenti gratià gaudere
et uti pacificè faciant, et ipsos seu eorum aliquem de cetero in
contrarium non molestent seu molestari permittant.

Et ut premissa perpetue stabilitatis robur obtineant presentes
litteras sigilli Castelleti nostri parisiensis, nostro magno

absente, appensione jussimus roborari, salvo in aliis jure nostro et in omnibus quolibet alieno.

Datum apud Chaumuçons, die quintâ junii, anno Domini millesimo CCC° quinquagesimo sexto.

(Archives de l'État, série K, carton 47, pièce 39.)

Les religieux de Saint-Germain, en leur qualité de seigneurs, eurent, dans le cours du seizième siècle, de graves démêlés avec les habitants de Wissous. Je me contenterai d'en rapporter quelques épisodes.

En 1531, une requête fut présentée par le procureur fiscal d'Antony au juge garde de la prévôté de cette terre, exposant que, malgré les défenses faites antérieurement par le bailli de Paris, et depuis par les officiers de la prévôté d'Antony, aux messiers du village de Wissous de se transporter sur aucune pièce de vigne du terroir d'Antony, portant piques, cornets et autres bâtons, pour faire aucune garde desdites vignes ni aucun exploit, les nommés Colas S. et Toussaint S., fils de Germain S., messiers dudit Wissous cette année, se sont présentés, le 22 du présent mois de septembre, garnis chacun d'une pique, épée, cornets et sifflets, au lieu appelé les Rabats du lieu appelé Clarry, joignant la croix Gauthier, terroir d'Antony; et pour ce, lesdits Colas S. et Toussaint S., ainsi garnis comme est dit, ont été saisis et pris au corps dans le terroir dudit Antony, et menés prisonniers dans les prisons dudit lieu, desquels abus et entre-

prises dûment informé, ledit juge déclare par sentence que lesdits piques, cornets, sifflets dont lesdits deux S. ont été trouvés saisis sur la terre
d'Antony, sont acquis et confisqués au profit
desdits abbé et religieux, seigneurs du lieu d'Antony; et défenses sont faites auxdits S. de ne
plus dorénavant se transporter sur ledit terroir,
ainsi garnis d'armes et d'instruments de messiers,
ni de faire aucun exploit de justice, sous peine
d'amende arbitraire et de tenir prison par ladite
sentence et jugement de droit.

Mais voici un fait bien plus grave, et qui prouve,
comme tant d'autres, la faiblesse du gouvernement
et l'impuissance des lois à cette époque de notre
histoire.

Il existe, dans le cartulaire, un acte de l'an 1331,
écrit partie en latin, partie en français, portant
commission pour ajourner et appeler Guillaume
Baudran et Pierre Dauxerre, marguilliers de la paroisse de Huit sols (sic), qui avaient employé l'argent de la fabrique de ladite église à faire armer
environ cinq cents hommes pour aller, enseignes
déployées, empêcher les religieux de Saint-Germain-des-Prés de percevoir le droit de pressurage
à eux dû des vendanges des vignes d'Antony et de
Verrières. Lesdits habitants de Huit sols furent
condamnés, pour ce cas, à être battus des verges,
nus en chemise, à genoux, avec confiscation de
leurs biens au profit du roi : sentence dont le procureur général aurait appelé à minimâ.

Le 24 juillet 1587, le cardinal de Bourbon, abbé de Saint-Germain-des-Prés (1), le prieur et les religieux citèrent devant le procureur du roi au Châtelet Jean Daguin, naguère garde forestier des bois, greffier et tabellion d'Antony et Verrières, comme ayant abusé de la confiance desdits abbé, prieur et religieux, et s'étant rendu coupable en vendant plusieurs baliveaux, tirant et exigeant des bûcherons de grandes sommes, mulctes de diverses amendes à son profit particulier, et avoir attenté à l'honneur de plusieurs femmes et filles qu'il y aurait trouvées; et comme greffier et tabellion, tiré et exigé profit et salaire excessif et commis plusieurs actes dignes de blâme, quoique par une sentence dudit Châtelet il lui eût été enjoint de se comporter mieux à l'avenir.

Le frère Jean Limosin, commis par les religieux pour le démettre de son emploi, ayant été calomnié par ledit Daguin, voulut se justifier devant la justice; et les preuves produites, les témoins entendus, ledit Daguin, décrété de prise de corps, fut emprisonné et condamné à perdre son emploi, à être banni de la terre et seigneurie d'Antony, et à voir ses calomnies contre le frère Limosin lacérées et biffées en sa présence, à lui faire amende honorable et à payer six cents écus de réparation civile.

Appel fut fait de cette sentence, qui reçut con-

(1) Le même que les ligueurs firent roi de France sous le nom de Charles X.

firmation ; l'amende fut donnée aux pauvres, et défense fut faite à Daguin de calomnier le frère Limosin.

Denis Crétel, procureur à Verrières, aide et complice de Jean Daguin, fut condamné à la même peine, sauf cependant les faits qui concernaient le frère Limosin, auxquels il n'avait point participé.

Le même Charles de Bourbon, cardinal, archevêque de Rouen, légat d'Avignon, abbé de Saint-Germain-des-Prés, donna, en 1563, à Tristan de Longueil, écuyer, seigneur de Richelette, l'état et offices de capitaine dans les terres d'Antony et Verrières et dépendances, pour en jouir en tous droits, honneurs, revenus, émoluments, avec droit d'empêcher la chasse.

Le 29 octobre 1569, maître Pierre de Larue obtint du même cardinal de Bourbon le greffe et tabellionage d'Antony et Verrières. Il s'en démit le 4 mars 1588.

Le 14 mai 1583, le même Charles de Bourbon, pour indemniser les religieux de l'incendie du moulin d'Antony, leur donna et délaissa l'état et office de greffier et tabellion d'Antony et Verrières.

Je termine cet article par un règlement de police, émané de la justice seigneuriale d'Antony, qui nous prouve que les religieux ne négligeaient pas de maintenir l'ordre dans le pays et dans l'Église.

Le 13 novembre 1605, à la requête du procureur fiscal, le prévôt d'Antony rendit une ordonnance publiée en la messe paroissiale, portant :

1° Que le service divin sera fait et célébré dans les églises d'Antony et de Verrières, aux jours et heures accoutumés, auquel seraient tenus d'assister les paroissiens, avec dévotion et humilité, comme doivent faire de bons catholiques, sans parler ni se quereller, sous peine d'amende ;

2° Que, pendant les offices, défenses sont faites à toutes personnes, de quelque qualité et condition qu'elles soient, de jouer à aucun jeu, et, à tous cabaretiers, hôteliers et à tous autres, de retirer les personnes, ni de leur permettre de danser, jouer, ni de leur bailler à boire, ni de distribuer du vin, si ce n'est aux passants et gens de dehors ;

3° Que défenses sont pareillement faites de jurer ni blasphémer le nom de Dieu, des saints et des saintes ; de se quereller ni'injurier l'un l'autre, se souvenant qu'ils doivent vivre en bons voisins et en frères ;

4° Que lesdits habitants et paroissiens seront tenus d'honorer et révérer lesdits seigneurs desdits lieux et leurs officiers, tant aux églises qu'à la foire, à la justice et dehors, sous peine d'amende, applicable comme dessus ;

5° Que, pour la conservation des droits et biens temporels desdites églises, les comptes des marguilliers seront rendus dorénavant par lesdits marguilliers, en la présence du sieur prévôt ou son lieutenant, du procureur fiscal, du curé, ou du vicaire

de chaque église, en l'absence du curé et des six
principaux habitants; en outre, est ordonné qu'il
sera fait inventaire des titres concernant le revenu
temporel desdites églises.

Par arrêt rendu au parlement de Paris le 3 septembre 1627, vu le procès fait en la justice d'Antony et Verrières, à la requête du procureur fiscal,
contre les sœurs Françoise et Jeanne Bouthernotte,
prisonnières en la conciergerie du palais, appelant
de la sentence rendue à Antony, le 20 avril dernier, par laquelle ladite Jeanne a été condamnée
à être pendue et étranglée, et ladite Françoise à
être bannie hors desdites justices, pour trois ans,
ouïes, et, interrogées par la cour, lesdites accusées,
sur les causes d'appel et cas à elle imposés, tout
considéré, la cour a dit, en amendant la sentence,
mise à néant pour réparation des cas mentionnés
audit procès, qu'elle a condamné ladite Jeanne à
être battue et fustigée de verges, la corde au cou,
par les carrefours et lieux accoutumés en ladite
justice; ce fait, bannie pour neuf ans du ressort du
parlement de Paris; à elle enjoint de garder son
ban, à peine de la hart, et, outre, condamnée en
16 fr. d'amende envers les seigneurs des lieux, et
enfin ordonne qu'à ladite Françoise les prisons
soient ouvertes.

Il s'agit ici évidemment d'un crime d'immora-
lité. La haute cour réforma le jugement de la justice d'Antony, comme trop sévère. Aujourd'hui, on
serait encore plus favorable que le parlement. On

ne fait pas attention qu'en diminuant les peines, la justice augmente le nombre des coupables. S'il est des âmes qui aiment la vertu, il en est qui ne craignent que le châtiment :

> Oderunt peccare boni virtutis amore,
> Oderunt peccare mali formidine pœnæ.

CIMETIÈRE.

Les historiens de Paris qui ont parlé d'Antony disent que l'Église est entourée d'un ancien cimetière.

Toutes les fouilles qui se font dans ce quartier prouvent, en effet, que les environs de l'Église étaient autrefois consacrés aux sépultures. On n'a qu'à remuer la terre à une petite profondeur pour rencontrer des ossements humains, et ceci mérite quelques détails.

L'étendue de cet ancien cimetière, dont il est impossible de fixer aujourd'hui les limites, mais qui était certainement très-considérable, prouve qu'Antony avait autrefois plus d'importance qu'aujourd'hui, ce qui est d'ailleurs établi par d'autres documents.

Parmi les tombeaux qui ont été ouverts en différents endroits, pour des constructions ou des terrassements, il s'en est trouvé plusieurs qui renfermaient au-dessus de la tête du corps un vase en terre cuite qui contenait du charbon. J'ai vu des

fragments de plusieurs de ces vases. Les plus grands
avaient tout au plus la capacité d'un litre, étaient
extrêmement minces, sans vernis et sans couvercle.
Certains d'entre eux avaient à l'extérieur des lignes
rouges tracées obliquement de haut en bas, sans
harmonie ni signification connue.

Pour expliquer cette particularité, il suffit de dire
qu'à une certaine époque, qui remonte à plus de
trois cents ans, on faisait brûler de l'encens dans la
tombe, après que le corps y était descendu, pendant que les prières de la liturgie se récitaient, et
que le clergé et les assistants jetaient l'eau bénite
sur le défunt. Le vase et le charbon restaient dans
la fosse quand on la recouvrait, et le mort semblait
commencer son repos éternel dans la fumée et l'a-
rome d'un encens béni par l'Église.

Il existe aussi des tombeaux ou plutôt des cercueils, tantôt en plâtre pur, tantôt en maçonnerie
cimentée en plâtre. Ils n'ont que la capacité nécessaire pour recevoir le corps. J'en ai observé plusieurs, et je n'y ai reconnu aucune trace de bois,
quoique, sur le nombre, il dût s'en trouver beaucoup en chêne, qui se conserve longtemps dans la
terre. J'en ai conclu qu'à cette époque, qui paraît
se rapprocher du seizième siècle, les sépultures se
faisaient avec une bière commune. On l'apportait
dans la maison mortuaire; on y mettait le corps,
qu'on déposait dans la fosse après la cérémonie, et
on retirait la bière pour servir à d'autres enterre-
ments. On voit encore aujourd'hui dans les gre-

niers de l'église d'Antony une vieille bière qui
paraît avoir servi à cet usage; depuis bien longtemps, elle n'est employée que pour les absoutes.

Vers le quinzième siècle, le cimetière fut considérablement diminué. Une partie notable servit
d'emplacement pour les cours et bâtiments de la
ferme des religieux. En 1788, la fabrique en prit
encore un morceau pour y bâtir une maison d'école
pour les filles, avec une petite cour.

Ce cimetière, d'une étendue évidemment insuffi-
sante, fut abandonné en 1820, et la commune, se
conformant à la loi du 23 prairial an XII (12 juin
1804), fit l'acquisition d'un terrain situé au nord
et sur la plaine qui domine Antony. Ce nouveau
cimetière, reconnu encore trop petit, a été agrandi
considérablement en 1848.

Le vieux cimetière, mal fermé, fut pendant quelques années un dépôt d'immondices. M. Chenailles,
alors curé d'Antony, offrit à la commune de le clore
de bons murs, à la condition qu'il servirait de jardin curial. Sa proposition était trop utile pour
n'être pas acceptée. Elle le fut, et les choses restèrent dans cet état jusqu'en 1848, où il est devenu
place publique.

C'est un grand embellissement, et l'église en a
été assainie. Les ossements ont été transportés dans
le nouveau cimetière; il en reste encore malheureusement au fond des fosses, mais la commune ne
permettra jamais qu'ils soient profanés par des
danses ou autrement.

Lorsque les lois de l'Église étaient respec-
tées, on exigeait, en pareil cas, que le terrain fût
entièrement fouillé et passé à la claie.

Le nouveau cimetière d'Antony est, dans ses
petites proportions, une image fidèle de l'in-
comparable cimetière du Père Lachaise et des
autres cimetières de Paris, où l'art et la religion
accumulent sans cesse des mausolées admi-
rables.

Là on voit la magnificence des demeures des
morts rivaliser avec le luxe des palais des vivants
dans la capitale. Là on voit venir, à toute heure du
jour, des personnes en deuil pour déposer sur des
tombeaux des couronnes d'immortelles, y planter
des fleurs, y répandre des larmes et y prier. Là se
traduit en œuvres extérieures et en monuments
éternels le sentiment si catholique de la piété
pour les morts.

Dans le petit cimetière d'Antony, on compte
déjà un nombre considérable de sépultures à perpétuité. Les tombeaux n'y manquent pas d'élégance et de richesse. On y remarque la sépulture
de M. et de madame Trudon, où reposent aussi plusieurs membres de leur famille. Je dois ici con-
sacrer un souvenir, et jeter une fleur sur les cendres de ces deux époux modèles des bons citoyens
et des chrétiens fervents. Leur bienfaisance et leurs
institutions de charité sont consignées dans les
actes publics de la commune, et le souvenir en est
profondément gravé dans tous les cœurs.

Il existe dans la paroisse d'Antony un u sage particulier dont il me convient de parler ici.

Le jour de la Toussaint, à vêpres, les chefs de maison viennent au banc d'œuvre faire inscrire tous les morts de leur famille. Le lendemain, après l'office et avant la messe, le curé donne lecture de tous ces noms, ayant soin de l'interrompre souvent par la récitation du *De profundis*, suivi de l'oraison. Cette cérémonie est fort longue, et néanmoins les assistants ne s'en montrent point ennuyés. Après la messe, on fait solennellement, bannières au vent et au son de la cloche, la procession au cimetière. Dès qu'on y arrive, chacun va se précipiter sur la tombe où reposent ses parents, l'arrose de ses larmes et prie avec ferveur.

Ce spectacle est touchant ; j'en suis ému chaque année, et je ne puis m'expliquer comment, avec cette sensibilité pour les morts, on peut être si indifférent pour ses autres devoirs de chrétien. On se reprocherait de manquer l'office et la procession le jour des morts, et on ne se fait aucun scrupule de manquer la messe tous les dimanches.

Je dois faire mention ici de deux tombeaux situés dans le territoire d'Antony, en dehors du cimetière.

Le premier est celui de la famille Boileau, de Paris ; il est situé sur la route d'Orléans, à l'est, et touche au territoire de Bourg-la-Reine. Il se compose d'un bâtiment en pierres de taille, où se trouve

le caveau où reposent les morts de la famille, et
une jolie chapelle avec vitraux en couleur qui le
surmonte. Vient ensuite une cour fermée, du côté
opposé, par le logement du concierge.

Ce caveau a été fait avec beaucoup de goût et de
convenance. Quand on y entre, on ne voit ni corps
ni bière, et on ne se croirait pas en compagnie des
morts. Les murs de droite et de gauche sont en
pierres de taille, avec panneaux, montants et tra-
verses, comme la boiserie d'un salon. Les panneaux sont posés horizontalement, et ont près de
deux mètres de longueur sur soixante à quatre-
vingts centimètres de largeur. Ils sont mobiles, et
c'est dans une cavité pratiquée derrière les panneaux que reposent les corps avec leurs cercueils.
Il y a des places occupées et d'autres vides, qui at-
tendent silencieusement leur hôte.

On fait sur l'origine de ce tombeau un petit
conte que voici :

Une voiture passait sur la route, portant à découvert un père de famille, sa femme et leur fils,
qui, sans doute, lisait l'histoire romaine, et savait
que les grands de Rome faisaient construire leurs
tombeaux sur le bord des grands chemins. Oh! la
belle plaine ! s'écria l'enfant quand la voiture sor-
tit de Bourg-la-Reine. Si je mourais, je voudrais
bien être enterré ici. Il mourut en effet fort jeune,
et les parents firent bâtir pour lui le tombeau en
question, qu'on appelle *le petit Chambord.*

Le second tombeau dont j'ai à parler est celui

de M. Molé, célèbre acteur de la comédie française.

Il mourut le 2 décembre 1802, et voulut par disposition testamentaire être enterré dans une propriété qu'il possédait à Antony. Le local qu'il désigna est sur un petit ruisseau qui se jette dans la Bièvre, à quelques pas du tombeau. Le monument est petit, simple, en pierres de taille et entouré d'une haie vive. On dirait que l'illustre défunt a voulu dormir éternellement au murmure du ruisseau voisin, sous le feuillage des peupliers et des saules pleureurs, et aux doux accents des oiseaux qui fréquentent ce lieu. Il y a dans cette idée de la poésie ; mais M. Molé avait aussi des sentiments religieux : il voulut que son tombeau fût béni par l'Église, et que le clergé assistât à ses obsèques.

La cérémonie se fit le soir, aux flambeaux, avec une pompe extraordinaire. Le corps fut accompagné de Paris à Antony par un nombreux cortége. M. Chaisneau, alors curé d'Antony, prononça un discours sur la tombe encore ouverte, et a consigné ce fait dans l'acte de décès dressé par lui, et qui se lit encore dans les registres de la paroisse.

A cette sépulture se rattache encore une anecdote.

M. Molé était un homme de beaucoup d'esprit, aimant la plaisanterie et le calembour.

Il avait offert de parier cent mille francs que, nonobstant sa profession de comédien, il serait à

sa mort porté en triomphe au paradis. Je ne sais
si le pari fut accepté ; mais, s'il l'eût été, le dénoû-
ment aurait toujours été imprévu. C'est que, dans le
langage des habitants et même dans les actes, la
terre où est le tombeau s'appelle le *Paradis*.

ROUTES D'ANTONY.

Le territoire d'Antony est traversé du nord au sud par une des plus belles routes qui existent. Elle est assise sur la plaine, depuis les portes de Bourg-la-Reine jusqu'à l'auberge du petit Antony, où elle prend la montée douce de Longjumeau. Elle est d'une grande largeur, et munie d'un trottoir pour les gens à pied. Elle est ornée de deux lignes non interrompues de beaux ormeaux, qui lui prêtent leur ombre, et en font une longue promenade. A droite et à gauche, la campagne frappe les regards du voyageur par le luxe d'une végétation toujours vivante, la richesse et la variété de ses produits. Je n'ai pu m'assurer à quelle époque remonte cette route, mais je crois pouvoir affirmer, d'après le jugement des hommes de l'art, qu'elle a été ouverte sous les Médicis.

Cette grande voie, si fréquentée, faisait autrefois la richesse du pays; mais elle est bien déchue depuis l'existence du chemin de fer de Paris à Orléans. Plus de diligences, peu de roulage, presque

plus de mouvement, non-seulement à Antony, mais
sur toute cette ligne autrefois si fréquentée et si
commerçante.

Le pays possède une autre belle route qui va de
Versailles à Choisy-le-Roi. Elle fut percée après que
le roi Louis XV eut fait l'acquisition du beau château de Choisy. Le roi, disent les mémoires du
temps, aimait beaucoup cette résidence à cause de
la proximité de la forêt de Sénart. Comme il y allait
souvent, il voulut mettre Choisy en communication
directe avec Versailles sans être obligé de passer
par Paris.

Mais, Versailles et Choisy ayant perdu leur importance, la route est presque déserte aujourd'hui.
On n'y rencontre guère que de grands troupeaux
de bœufs gras et quelques cabriolets.

Cette route coupe celle d'Orléans à la croix de
Berny. C'est sans doute ce qui a donné naissance
au petit village de ce nom. Il est divisé en quatre
masses de maisons occupant les quatre angles, ce
qui lui donne une forme régulière.

Ainsi, le chef-lieu de la commune se trouve entièrement dépourvu de grandes voies de communication dans l'état actuel des choses ; car je n'appelle
pas grande voie une route départementale déja
faite à moitié, et qui doit mettre Antony en communication directe avec Sceaux.

Et c'est cependant Antony qui possédait autrefois
la route d'Orléans et celle de Chartres, qui se réunissaient dans le village même.

Il ne peut y avoir de doute pour la route de Chartres, une des principales rues d'Antony porte encore le nom de rue Chartraine ou voie Chartraine, et les actes de propriété la citent souvent comme confront dans les champs.

Quant à la route d'Orléans, on n'a qu'à jeter les yeux sur la carte d'Antony dressée en 1751 ; on y verra que la voie aujourd'hui presque abandonnée qui monte du Pont-aux-Anes sur le coteau du Petit-Massy, et va rejoindre la route actuelle d'Orléans à l'endroit dit la Saussaie, était encore appelée à cette époque ancienne route d'Orléans. On l'appelle aujourd'hui chemin du Marché.

Mais comme les lignes de ces deux routes sont interrompues et entièrement effacées en plusieurs endroits, il n'est pas facile d'en fixer la position et de trouver leur point de jonction.

D'après un acte que j'ai trouvé dans le cartulaire, il existait très-anciennement trois ponterceaux servant à la voie du Pont-aux-Anes. L'un d'eux était jeté sur le lit de la rivière, le second sur l'arrière-biez du moulin, et le troisième sur le canal d'irrigation. Ces trois petits ponts furent emportés par une grande inondation, antérieurement au seizième siècle. Ils étaient construits en pierre de taille. Voici le texte de cet acte :

« Les présidents trésoriers de France, généraux des finances et grands voyers en la généralité de Paris, sur la requête à nous présentée par les religieux, prieur, et couvent de l'abbaye royale de

Saint-Germain-des-Prés-lès-Paris, seigneurs hauts,
moyens et bas justiciers d'Amblainvilliers, Antony,
Verrières et dépendances, contenant que, dès le
23 juin 1687, ils nous auraient présenté une requête aux fins d'être reçus à faire preuve qu'ils
n'ont jamais enlevé aucun pavé de l'ancien et nouveau chemin de Chartres, et que celui qui a été
pris près le Pont-aux-Anes y était inutile et a été
enlevé à la réquisition des habitants et bourgeois
desdits villages, et employé pour l'utilité publique
à la chaussée conduisant du pont au village d'Antony. Et quoique cette preuve fût facile à faire, la
chose étant de notoriété publique dans le pays,
néanmoins, pour éviter des procédures et des frais,
ils aiment mieux faire encore quelques dépenses
qui seront utiles au public, quoique déjà ils aient
employé plus de 7 à 800 fr. pour la construc
tion de ladite chaussée, où ils ont fourni tout le
pavé qui y était nécessaire, outre celui qui s'est
trouvé audit pavé du Pont-aux-Anes, comme
il est évident par l'inspection des lieux d'où le pavé
a été tiré et où il a été employé; requérant, les sup-
pliants, qu'il nous plût leur donner acte des offres
qu'ils faisaient d'employer la somme de 200 fr. pour
continuer ladite chaussée le long de la rue de Bour-
neuf, qui conduit au moulin banal dudit Antony,
et au lavoir dudit lieu. »

Il fut fait droit à cette requête, et prouvé que
l'opposition faite à l'enlèvement du pavé du Pont-
aux-Anes n'avait d'autre motif que l'utilité du

sieur de Moricq, qui venait de faire bâtir la maison
située en face du moulin et sur la rue, maison appartenant aujourd'hui à M. Boudard, dans l'intention d'avoir pour son usage une sortie pavée sur la
campagne.

D'après cet acte, il y avait alors à Antony deux
routes de Chartres, l'une ancienne et l'autre nouvelle.

La nouvelle est le chemin qui s'étend du lieu appelé le Paradis jusqu'à Berny, en traversant le
village sous le nom de rue Chartraine, et les champs
intermédiaires sous le nom d'allée de Morteau.

L'ancienne est le chemin qui part de la descente
de Massy, traverse la prairie, et passe la rivière au
pont de pierre situé à l'angle du parc de M. de
Cambacérès, et suit la rive gauche de la Bièvre
jusqu'au Paradis : de là, elle descend sur la partie
sud du village, où elle entre par la croix Rouge, à
peu de distance du moulin, et se termine devant la
maison du sieur Boucher. Ce dernier tronçon porte
vulgairement le nom de chemin de Verrières, dont
il est en effet la tête ; il est nommé dans les actes
chemin de Mauconseil.

Ceci est d'accord avec une tradition orale portant que l'ancienne poste aux chevaux descendait
par le chemin de Verrières, et s'arrêtait devant la
maison dudit sieur Boucher, qui était un relais et
où on montre encore des anneaux de fer qui ser-
vaient à attacher les chevaux.

Quoique cette tradition ne soit appuyée sur aucun document certain, elle ne me paraît pas douteuse ; car les propriétaires de cette grande maison, aujourd'hui partagée en trois habitations avec plusieurs écuries et de vastes cours, affirment qu'elle est désignée dans leurs actes de vente et de partage sous le nom d'ancienne poste.

La partie du chemin de Chartres comprise entre le pont de pierre et le haut du village n'est guère fréquentée et connue que des cultivateurs que leurs travaux appellent dans ce quartier. C'est cependant une promenade des plus agréables, les plantations existent encore presque sur toute la ligne ; on y a souvent le pied sur le gazon, qui a envahi même les parties du pavé qui restent encore, et sur une longueur considérable elle est baignée par les eaux fraîches de la Bièvre.

L'allée de Morteau, beaucoup plus fréquentée parce qu'elle met en communication le village d'Antony et celui de Berny, n'est pas non plus dépourvue d'agrément. Elle est ombragée par une double ligne de jeunes peupliers, et offre aux regards une belle et riche campagne.

L'ancienne route d'Orléans n'a conservé son tracé que sur la côte et le plateau de Massy, depuis le Pont-aux-Anes jusqu'à la source de la Saussaye ; et si elle existe encore en cet endroit, c'est parce qu'elle est nécessaire pour l'exploitation des propriétés voisines.

Mais il n'est pas impossible d'en retrouver les traces.

On voit dans d'anciennes cartes de Paris un ancien chemin d'Orléans passant au-dessus d'Arcueil;
et c'est sous ce même nom qu'est désigné le chemin en question dans la carte d'Antony de 1751.
L'ancienne route d'Orléans passait donc au-dessus
d'Arcueil, par Bourg-la-Reine, par la plaine de
Morteau, par le chemin de l'Abbaye, par le passage
qui se trouve entre les deux jardins de la maison
des Quatre-Cadrans, devant la maison du sieur
Boucher, dans la cour de M. Boudard, et arrivait
ainsi au Pont-aux-Anes, où nous avons vu qu'il
existait autrefois trois pontereaux en pierre de
taille.

Je dois dire ici que l'arcade en pierre de taille
jetée sur l'arrière-biez du moulin a été construite
en 1606 par M. de Sève, alors propriétaire de la
maison Boudard, dans le but de faciliter l'écoule-
ment des eaux.

Pour ne pas laisser cet article incomplet, je dois
dire que très-probablement l'ancien chemin d'Orléans et celui de Chartres étaient des voies romaines.

Il est certain, d'après les Mémoires de l'Institut,
série 2e, tome 1er, que la voie romaine d'Orléans
partait du petit pont et suivait la rue Saint-Jacques
jusqu'à la barrière; or, il est impossible que cette
voie ne passât point par le territoire d'Antony, qui
se trouve exactement sur la ligne, et il aurait fallu
faire un détour immense pour l'éviter.

On sait que les Romains aimaient à asseoir leurs

chemins sur le haut des côtes d'où on pût voir en même temps le plateau et la vallée.

En sortant de la porte Saint-Jacques, la voie romaine d'Orléans devait donc se tenir entre la vallée de la Seine et la plaine de Montrouge, passer sur les derrières d'Arcueil, traverser le territoire de Bourg-la-Reine et celui d'Antony, en évitant de s'enfoncer dans la vallée de la Bièvre : or, c'est précisément la ligne que suivait l'ancienne route d'Orléans.

D'autres faits viennent à l'appui de cette conjecture. Bourg-la-Reine s'appelait à une époque très-reculée *Briquet* ou *bourg Briquet ;* ce nom lui venait, dit-on, d'un pont de briques construit sur le ruisseau de cette localité. Or les Romains, qui, à quelques pas de là, avaient bâti l'aqueduc d'Arcueil en briques, avaient bien pu bâtir le pont de Bourg-la-Reine avec de pareils matériaux.

Enfin on assure que des tuiles romaines ont été trouvées dans le champ qui touche à l'avenue d'Antony et à l'allée de Morteau, et chacun peut s'assurer que le passage situé entre les deux jardins de la maison des Quatre-Cadrans, a une largeur moyenne de trois mètres, qui est celle des petites voies romaines.

En résumant ce qui concerne ces deux anciennes routes, on est porté à croire que celle de Chartres se joignait à celle d'Orléans dans le village d'Antony, devant la maison du sieur Boucher, et que là était le relais de la poste aux chevaux servant pour les deux routes.

On croit aussi qu'après que la nouvelle route d'Orléans fut faite, l'ancienne route de Chartres alla la joindre directement, pendant quelque temps, au pont, en traversant le champ de l'Abreuvoir. C'est, ajoute-t-on, sur l'emplacement de cette route qu'a été bâtie la maison du sieur Raffard.

RUE DE L'ÉGLISE.

Cette rue est la plus importante du village d'Antony ; elle s'étend depuis la place du Carrousel jusqu'au moulin ; mais à proximité de cette usine, elle prend le nom de rue du Moulin. Voici ce que j'ai trouvé dans le cartulaire touchant cette rue. Je copie textuellement :

« Un acte signé Bonnin, greffier d'Antony, du 9 janvier 1634, par lequel appert que, par-devant Louis Dupin, lieutenant de la prévôté d'Antony et de Verrières, a comparu, en l'auditoire dudit lieu, le procureur fiscal en ladite prévôté, lequel a remontré que les habitants, ensemble les bourgeois de Paris qui ont des maisons et héritages audit Antony, ont prié les religieux de saint Germain-des-Prés, seigneurs d'Antony, de permettre, pour la commodité des habitants et bourgeois, que la rue qui est devant et le long du cimetière, tendant de l'église au moulin, fût élargie, parce qu'elle était si étroite, qu'un harnais n'y pouvait passer qu'avec bien de la peine, et pour se faire accorder par lesdits religieux la grande partie d'une masure et jardin à eux appartenant, sise le long de ladite rue que lesdits seigneurs avaient fait ci-devant joindre et enclore dans ledit cimetière, à quoi lesdits religieux auraient consenti pour le bien public.

« En cette considération, le sieur Cousin, bourgeois de Paris, et le sieur Breveau, son gendre, auraient promis fournir entre eux deux la somme de cent vingt livres, qui serait employée à l'achat d'une horloge qui serait posée dans l'église d'Antony ; en outre, de fournir aux frais qu'il conviendrait faire pour abattre, reculer et réédifier la muraille qui était lors le long de ladite rue et cimetière, en suite de laquelle promesse lesdits habitants et bourgeois, étant assemblés, auraient accordé ladite somme être employée à l'achat d'une horloge ; et en cas qu'elle ne fût suffisante, l'un des bourgeois élu et nommé se transporterait ès maisons desdits habitants et bourgeois, pour recueillir ce que chacun voudrait donner gratuitement et volontairement pour fournir et satisfaire au surplus de ce qui conviendrait ; ce qui aurait aussi été jugé et ordonné sur la réquisition du procureur fiscal par sentence vingtième dudit mois et an, quoi faisant lesdits sieurs Cousin et Breveau auraient de ce baillé leur promesse par écrit au sieur Pariset le 27 octobre audit an, et du depuis lesdits religieux auraient satisfait à la concession par eux accordée. Lesdits habitants et bourgeois ayant fait abattre la muraille qui était le long de la rue et cimetière, laquelle

ils auraient fait reculer et réédifier de neuf et en ce
faisant fait élargir ladite rue de beaucoup plus
qu'elle n'était auparavant, ayant pour ce faire donné
la plus grande partie de leur masure et jardin qui
était le long dudit cimetière, et qu'ils auraient fait
enclore en icelui depuis longtemps, requérant le
procureur fiscal ledit lieutenant de se transporter
présentement sur les lieux avec Hélie Lavaux, voyer
de cette prévôté, en ladite ruelle, afin de faire de-
viser ce qui a été accordé par lesdits seigneurs
pour élargir la rue et en faire procès-verbal, ce qui
a été accordé, et à l'instant lesdits officiers de justice avec le voyer, le greffier et Jean Picart, maçon,
demeurant au pont d'Antony, se sont transportés
dans ladite rue, et auraient considéré et devisé ce
qui a été accordé de ladite masure et jardin qui est
le long et attenant le cimetière pour élargir la rue
outre ce qu'elle contenait auparavant, a été aug-
mentée et élargie de ce qui avait été donné par lesdits religieux, savoir, par le bout d'en haut vers
l'auditoire du lieu d'Antony, de deux toises, et par
le bout d'en bas vers le presbytère de cinq toises
et demie, le tout sur vingt-deux toises de long, dont
acte a été octroyé au procureur fiscal pour servir
ce que de raison. Signé DUPIN et BONNIN. »

La longueur de vingt-deux toises est justement
celle du mur de l'ancien cimetière, depuis l'angle
nord-ouest jusqu'à l'angle de la boutique attenant
au presbytère. La largeur totale de la rue est de

deux toises au nord, et de près de six toises au sud, en face de ladite boutique.

Dans les travaux de nivellement de cette rue, exécutés en 1847, on a mis a découvert une rangée de corps, la plupart enfermés dans des bières de plâtre qui annonçaient que cette partie de la rue avait été prise sur le cimetière. On a trouvé aussi deux souches d'ormeaux qui indiquaient la place du jardin cédé par les religieux. La masure dont ils firent aussi l'abandon était à côté du jardin, le long de la rue, et faisait saillie sur le cimetière.

C'est ainsi que la rue fut élargie jusqu'à l'angle de la boutique attenant au presbytère. Pour savoir comment fut continué l'élargissement de la rue, il n'y a qu'à lire l'acte qui suit, tiré aussi du cartulaire, dont je conserve les termes.

« Au susdit acte est attaché un autre acte judiciaire en papier timbré, du 14 juillet 1688, par lequel appert que, vue par Samuël Lucas, juge ordinaire de la prévôté d'Antony, la requête présentée par M. Pierre Lemoyne, prêtre-bachelier en théologie, curé dudit Antony, expositive que depuis cinq à six mois il aurait acquis deux maisons en ruines et masures contiguës au presbytère dudit Antony, auxquelles maisons il a droit de cour sur la grande rue qui conduit de l'Église au Moulin, ainsi qu'il est justifié par les anciens titres, et dont les propriétaires desdites maisons ont toujours joui ; désirant faire rétablir lesdites maisons, et clore de murs lesdites cours pour sa commodité

et sa sûreté, et les joindre à celles du presbytère,
lequel d'ailleurs est beaucoup serré ; sur laquelle
requête est l'ordonnance du dix mai dernier, portant qu'elle sera communiquée au procureur
fiscal, par lesquelles il n'a moyen d'empêcher qu'il
ne soit fait suivant ladite requête sous le bon plaisir desdits seigneurs, le consentement de plusieurs
habitants dénommés dans ledit acte, ayant connaissance qu'il y a eu ci-devant des haies vives qui faisaient la clôture desdites cours, le consentement
des religieux de Saint-Germain seigneurs, dudit
lieu, par Dom Barré, cellerier et procureur, en
date du 4 juillet présents mois et an, en conséquence desquelles déclarations et consentements
on a fait planter par le voyer quatre piquets pour
marquer où ledit mur doit être placé, savoir : à
trente-cinq pieds du mur de la maison du sieur
Desmureau, et à trente-cinq pieds du mur de la
maison de Marin Rousseau... Ce fut fait en ladite
châtellainie, les jour et an que dessus. Signé Banié,
avec paraphe. »

Comme il est constant que la rue était très-
étroite, et avait à peine six pieds, il en résulte que
M. le curé Lemoyne fit abandon au public d'environ vingt-huit pieds, près de cinq toises de terrain sur toute la longueur du mur du presbytère.

Cet acte prouve aussi que c'est M. le curé
Lemoyne qui a fait l'acquisition de la cour d'entrée du presbytère, et qui a fait construire sur la
place des deux masures achetées les deux bâti-

ments qui existent encore aujourd'hui à droite et à gauche de la cour.

Le prolongement de la rue de l'Église, qui est, à proprement parler, la rue du Moulin, avait été élargi et aligné quelque temps auparavant, et c'est encore un acte du cartulaire qui le constate ; en voici la teneur.

« Un acte signé Bonin, greffier tabellion d'Antony, le 6 août 1633, par lequel appert que, par-devant Gervais Boucicaut, procureur fiscal de la terre et seigneurie d'Antony et Verrière, a comparu noble Jean Picard, avocat en parlement, lequel, en présence de Dom Claude Cotton, religieux, procureur de ladite abbaye, a requis de lui donner alignement au-devant de sa maison et jardin, sis audit Antony, tant d'un côté que d'autre de la rue qui tend de l'orme Malconseil au Moulin, pour abattre quelques murailles et haies répondant sur ladite rue, et faire réédifier et bâtir autres murailles, et tenir le tout de droit alignement ; à quoi obtempérant et du consentement dudit sieur Cotton, ledit procureur fiscal se serait transporté en présence dudit Picard et d'Élie Lavaux, voyer, sur les lieux déclarés, et après avoir fait mettre et tirer un cordeau qui a été attaché au mur de clôture du jardin du sieur de Sève, attenant au jardin du sieur Picard, jusqu'au bout du jardin des sieurs Les Girards, tenant à Antoine Boullier, il s'est trouvé quarante-huit toises, en laquelle longueur permis a été audit sieur Picard de faire telle clôture de muraille que bon lui semblera, pourvu que sur ladite longueur, sur ladite rue du Moulin, il laisse icelle rue de quatre toises franches ; ce qu'il a promis, et sera tenu de faire ; dont acte. »

Ce noble Jean Picard était sans aucun doute propriétaire de la maison qui appartient aujourd'hui à M. Petit Bergonce, et possédait de plus le jardin qui est en face de l'autre côté de la rue, faisant suite à celui de la maison de M. de Sève, aujourd'hui maison Boudard.

Le moulin a eu dans le temps des voisins illustres. Il existait deux belles maisons de campagne sur l'une et l'autre rive de la Bièvre. L'une a été habitée par M. Molé, dont j'ai parlé à l'occasion de son tombeau, et l'autre par monseigneur Alexandre Meyriadec de Rohan, archevêque de Cambrai, et ensuite par le maréchal de Castries, qui commanda avec gloire une armée dans la guerre de sept ans, fut ministre de la marine, et par horreur pour la révolution, se réfugia chez l'étranger, et mourut dans les États de Brunswick en 1801. On dit qu'il a fait réparer à ses frais la rue du Moulin. Ces deux maisons ont été démolies vers 1815.

C'est encore dans la rue de l'Église qu'est située la maison dite des Quatre-Cadrans, bâtie en 1674 par M. Dutel, avocat au parlement de Paris, après en avoir obtenu la permission des religieux seigneurs d'Antony.

EAUX ET FONTAINES.

Le cours d'eau le plus considérable d'Antony est la Bièvre, qui en traverse le territoire.

Elle a sa source dans les environs de Versailles, roule lentement ses eaux en serpentant toujours dans de belles prairies qu'elle féconde, donne le mouvement à quelques usines, et va faire la fortune de la manufacture des Gobelins à Paris, après un parcours d'environ huit lieues.

Les eaux de la Bièvre ont des qualités singulières pour les teintures, surtout pour celle de l'écarlate. *Trévoux.*

Après avoir fait le succès de ce célèbre établissement, et contente d'avoir rempli cette glorieuse mission, la Bièvre cache ses eaux bourbeuses et souillées d'immondices sous les longues voûtes qui la dérobent aux regards, et va se perdre dans le petit bras de la Seine, à la hauteur du chevet de Notre-Dame. Dans Paris, elle porte le nom de rivière des Gobelins.

Pour la rendre plus utile à l'industrie, l'administration a fait creuser des puits artésiens sur ses
bords, dont plusieurs ont réussi.

Je ne dois point passer sous silence les eaux du
célèbre parc de Sceaux, qui se trouvent dans le territoire d'Antony. On a comparé l'habitation prin-
cière de Sceaux à la résidence royale de Versailles,
et on a dit que si la première l'emportait sur la
seconde, ce serait à raison des eaux, qui sont naturelles, permanentes et suffisantes à Sceaux, tandis
qu'à Versailles elles sont empruntées à la Seine, et
ne parviennent aux bassins qu'à force de machines.
Après avoir formé ces vastes pièces d'eau du parc,
le ruisseau se jette dans les prairies de Berny, sous
le nom de ruisseau de Morteau (*eau morte*). Le cours
en est très-lent.

Je ne dirai pas autre chose de ce parc, ni de ses
hôtes illustres, ni de ses fêtes brillantes, ni du magnifique château d'autrefois. Ce n'est pas de mon
sujet, et les documents me manquent.

Les fontaines d'Antony viennent du plateau qui
domine le village, et ont leur source à peu de distance du bois de Verrières. Voici ce que j'ai trouvé
dans le cartulaire à ce sujet :

« Un acte par lequel appert que l'an 1707, le
dix février, nous, Michel Richard, lieutenant des
prévôté, châtellenie et bailliage d'Antony, Verrières
et Amblainvilliers, nous sommes transportés sur
les lieux où est située la source de la fontaine du
Sault, assisté de notre greffier, du sieur Jean Ri-

7

chard, architecte de Paris, de Claude Beligon, fontainier des aqueducs de M. le cardinal d'Estrées, demeurant à Berny, par nous appelé en vertu de la requête présentée aux religieux de Saint-Germain par les habitants d'Antony. Lesdits sieurs Richard et Beligon ont pris les niveaux et dimensions et jaugé l'eau de la fontaine, le tout bien et dûment examiné, nous ont rapporté que la source pousse deux à trois pouces d'eau, et que si dans la suite lesdits seigneurs veulent faire quelques dépenses pour rechercher d'autre eau, on pourra en trouver dans la même côte, beaucoup plus qu'il n'y en a dans ladite source, laquelle eau on pourra mettre dans des pierrées, et ensuite la conduire par les mêmes tuyaux qui conduiront l'eau de ladite fontaine du Sault.

« Que, pour conduire l'eau de ladite fontaine du Sault au village d'Antony, il en faut enfermer la source dans un regard de six pieds en carré dans œuvre, construit de murs avec pierre de meulière et mortier de chaux et sable, de deux pieds d'épaisseur et fondation élevée jusqu'à six pouces au-dessus de l'eau, où sera faite une retraite en dedans d'un pied tout autour, avec un enduit de ciment par-dessus, laquelle retraite servira à marcher tout autour, et le surplus élevé en sorte que ledit regard ait six pieds de haut sous clef, à prendre à la superficie de l'eau, dans lequel sera observée une porte dont les pieds droits seront de pierre de taille dure d'Arcueil. Ladite porte aura deux pieds

de large sur quatre pieds de haut. Il sera mis une
pierre d'une pièce pour servir de linteau à la porte,
et un seuil de même pierre et mortier, qui aura
vingt-huit pouces au couronnement et ensuite cou-
verte de terre et gazon ; plus sera fournie une
porte de bois de chêne de deux pouces d'épaisseur,
fermée de gonds et pantures avec une bonne serrure ; plus sera fait un conroy de glaise au dehors
dudit regard des deux bouts et du côté d'en bas qui
sera raccordé avec la terre, qui aura treize à dix-
huit pouces d'épaisseur, et sera fait un petit mur
du côté d'en bas pour soutenir ledit conroy, lequel
aura quinze pouces d'épaisseur ; plus, sera observé,
dans le même regard, sous la porte, une espèce
d'ouverture en manière de sarbacane pour faire
entrer les eaux que l'on pourra trouver par la suite
dans le regard ; plus, sera fait et posé, dans ledit
regard, une soupape de cuivre de quatre pouces
de diamètre, qui sera soudée à un bout de tuyau
de plomb de six pouces de long et quatre pouces
de diamètre, qui sera raccordé avec la conduite
des tuyaux de grès, comme aussi sera faite une
décharge du fond du regard pour écouler l'eau
quand ladite soupape sera fermée avec un tuyau
de plomb de deux pouces de diamètre avec une
rondelle de plomb soudée audit tuyau.

« Plus, sera faite la conduite de tuyaux de grès de
quatre pouces de diamètre, soudés avec mortier à
froid et mortier à chaud, aux endroits où il sera
nécessaire avec une chemise de maçonnerie et mor-

tier de chaux vive et ciment de deux pouces au moins d'épaisseur, laquelle conduite prendra depuis ledit regard jusqu'à l'Orme-au-Messier, auquel endroit sera fait un regard de deux pieds en carré par dedans, de profondeur nécessaire, construit avec murs de pierre du lieu et mortier de chaux et sable, avec un fond de dix-huit pouces d'épaisseur et enduit de ciment tout au pourtour avec un châssis de pierre fermé en vis, de sorte qu'on le puisse ouvrir sans clef.

« Plus, sera faite la conduite de pareille qualité et construction que celle ci-dessus, dont les tuyaux de grès n'auront que trois pouces de diamètre depuis ledit regard jusqu'à un autre regard qui sera fait dans le chemin qui monte du village d'Antony au bois, de même forme et matière que celui de l'Orme-au-Messier, dans lequel sera posé un robinet de cuivre de trois pouces de diamètre pour décharger et nettoyer les tuyaux en cas de besoin, lequel robinet conduira l'eau dans la pierrée, ci-devant faite, et sera fourni six toises de tuyaux de fer de trois pouces de diamètre pour passer au travers du chemin au droit dudit regard.

« Plus, sera faite la conduite en tuyaux de grès depuis ledit regard jusqu'au regard qui sera au haut du clos de M. de Saint-Giles, construit, voûté et fermé de même.

« Plus, sera faite une cuvette de plomb dans ledit regard qui aura trois pieds de long sur deux pieds et demi de large, de dix-huit pouces de haut, dans laquelle seront faits des trous pour la jauge et distribution de l'eau avec un tuyau de plomb pour distribuer l'eau à M. de Saint-Giles.

« Le tout faisant ensemble six cent soixante-huit toises de conduite, fait en bon état, réparé les terres dérangées, donné par adjudication au rabais à trois mille six cents francs. »

Suit un marché par lequel ledit Beligon s'oblige à conduire les eaux de la fontaine du carrefour avec des tuyaux de deux pouces à la maison seigneuriale, en les prenant à la fontaine du carrefour, près la porte de M. François, pour la somme de cent quatre-vingts francs. C'est la fontaine qui coule présentement à l'angle de la nouvelle place au nord-ouest de l'église (1).

Depuis ces travaux, exécutés avant la révolution, la commune en a fait d'autres qui ont augmenté la quantité d'eau. Une branche a été dirigée sur le pont d'Antony, touchant à la route d'Orléans, et une borne-fontaine a été établie dans l'avenue. Un petit filet a été donné à l'établissement des sœurs, qui n'ont pas besoin de sortir pour avoir leur provision d'eau.

Ainsi Antony est abondamment pourvu d'eau, et elle est de bonne qualité.

Je ne dois pas omettre ici de parler d'une autre

(1) Il y a dans le cartulaire des détails très-étendus sur des augmentations de l'eau des fontaines faites par la famille de Saint-Giles et sur des concessions d'eau à divers particuliers.

fontaine qui, quoique propriété particulière, est
aussi utile au public. En voici l'origine :

« Un acte reçu Bonin, tabellion juré en la prévôté
d'Antony, pour messieurs dudit lieu, le 18 octobre 1634, par lequel appert que dom Claude
Cotton, procureur et receveur des prieur et religieux de Saint-Germain-des-Prés-lès-Paris, seigneurs d'Antony et Verrières, a permis à maître Isac
de Jugé, chevalier seigneur de Moricq, conseiller
d'État, étant présent en sa maison au village d'Antony, à ses hoirs et ayants cause à l'avenir de faire
fouiller tout le long et au dedans de la descente des
vignes appelée la voie du Marché, à commencer dès
la fontaine du Mouton, qui est entre et au bout d'une
pièce de terre appartenant à M. de Puisieulx, et
une saulsaye, appartenant aux héritiers ou créan-
ciers de feu Pierre Pellé, et une autre petite source
de fontaine étant en une petite voie et sur le bord
d'un héritage appartenant à feu Marc Lacan, pour
faire le long de ladite voie du Marché et de côté et
d'autre une pierrée, où mettre tuyaux pour conduire en la maison et jardin dudit seigneur de
Moricq toutes les eaux non-seulement desdites
sources et fontaines, mais même aussi toutes les
autres qui pourraient se trouver en ladite descente
et environs, et à cet effet de faire un regard pour
recueillir et amasser toutes lesdites eaux dans une
encoignure de ladite voie ou lieu plus commode,
dont lesdits sieurs Cotton et seigneur de Moricq
sont demeurés d'accord, le tout suivant les aligne-

ments qui en seront donnés au sieur de Moricq par le prévôt d'Antony, procureur fiscal et voyer dudit lieu.

A cet acte en est attaché un autre signé Bonin, qui est un procès-verbal d'une enquête *de commodo et incommodo*, dans lequel les habitants d'Antony déclarent que ladite fouille et conduite n'est nullement préjudiciable au public, et qu'au contraire ladite voie en sera assainie et plus praticable. En conséquence, le prévôt d'Antony a permis au seigneur de Moricq de faire la fouille, tranchée, et le tout ainsi qu'il le requérait.

« Mais en échange le seigneur de Moricq s'obligea à laisser couler un filet de cette eau sur le chemin dit des Morues, pendant les travaux d'été, pour l'utilité des cultivateurs ; clause qui reçoit encore son exécution tous les ans. »

LA CHARITÉ.

C'est pour moi un vrai bonheur de pouvoir mettre en tête des bienfaiteurs du pays cette vénérable figure du curé Lemoyne, dont le nom et les bonnes œuvres étaient entièrement oubliés.

Par acte du 30 avril 1693, Pierre Lemoyne, curé d'Antony, acheta 6 arpents 91 perches 2/3 de pré en dix pièces pour le prix de 4,515 francs, à raison de 650 livres l'arpent.

Cet acte est accompagné d'un autre, dont voici la teneur : «Acte reçu Mennier et Carnot, notaires à Paris, le 16 décembre 1697, par lequel Pierre Lemoyne, prêtre, curé d'Antony, y demeurant, et de présent en cette ville de Paris, logé rue Baillette, paroisse de Saint-Germain-l'Auxerrois d'une part, et dom Matthieu Gilbert, prieur, et tous les religieux de l'abbaye de Saint-Germain-des-Prés-lès-Paris, assemblés en leur chapitre d'autre part, pour le bien et avantage de la paroisse d'Antony, on fait ce qui suit : c'est à savoir que ledit sieur Lemoyne a donné par donation entre-vifs, pure, simple, ir-

révocable, et, pour plus grande sûreté, promet
garantir de tous troubles et empêchements auxdits
religieux 6 arpents 91 perches 2 3 de pré en dix
pièces, situés dans la prairie et terroir dudit Antony, appartenant au sieur Lemoyne.... Plus a
donné et cédé par donation entre-vifs, comme dessus, auxdits religieux acceptants, 20 livres de rente
de bail d'héritage... En outre, lesdits religieux
reconnaissent avoir reçu aujourd'hui dudit sieur
Lemoyne la somme de 1,600 livr. en deniers comp-
tants, payés entre les mains de dom Olivier, cellerier, dont lesdits religieux sont contents et l'en
quittent ; et, à l'effet de la présente donation, ledit
sieur Lemoyne subroge lesdits religieux et leurs
successeurs en ladite abbaye en ses droits, privi-
léges et hypothèques, et leur a présentement déli-
vré l'expédition, en parchemin, dudit contrat d'acquisition desdits 6 arpents 91 perches 2/3 de pré,
du 30 avril 1693... Cette donation ainsi faite, à la
charge de payer par eux audit sieur Lemoyne chacun an sa vie durant 250 livres de pension viagère,
plus à la charge de payer par lesdits religieux après
le décès dudit sieur Lemoyne 150 livres par chacun an, de trois mois en trois mois, aux quatre
quartiers, pour l'entretien d'une maîtresse d'école
audit Antony pour l'instruction des pauvres enfants
dudit lieu, laquelle instruction sera faite gratis
sans pouvoir prétendre aucune rétribution et reconnaissance, et 40 livres aussi pour chacun an à
la fabrique de l'Église et paroisse d'Antony, à con-

dition de fournir par les marguilliers un logement à la maîtresse d'école, tant pour elle que
pour tenir lesdites écoles sans qu'il lui en puisse
être rien demandé; plus à condition de faire dire,
chanter et célébrer chacun an à perpétuité, à pareil
jour de son décès, une messe haute des trépassés,
et encore à condition par ladite maîtresse d'école
de faire faire une courte prière par les écoliers
tous les jours à la sortie de l'école, le tout aux in-
tentions du sieur Lemoyne et pour le repos de son
âme; plus à la charge par lesdits religieux et leurs
successeurs de payer chacun an à perpétuité la
somme de 60 livres aux pauvres malades dudit
Antony, laquelle sera distribuée par les mains du
dom Cellerier avec le curé et les marguilliers de
ladite église. »

Le pieux fondateur mourut en 1705, et les clauses
de sa donation furent mises en exécution dès cette
époque. La fabrique loua une maison pour la maîtresse d'école pendant plus de quatre-vingts ans;
mais comme il fallait renouveler souvent le bail, et
qu'on ne trouvait pas toujours de logement commode ou convenable, la fabrique se détermina à
faire bâtir une maison pour cette école.

Par délibération du 9 mars 1788, elle disposa
d'une somme de deux mille livres qui se trouvait
en caisse pour faire construire une petite maison
attenant aux murs du presbytère à l'angle sud-
ouest du cimetière, et donna de plus une largeur
de terrain du cimetière égale à celle du bâtiment

pour servir de cour à l'école. L'entreprise fut mise
aux enchères et donnée au maçon Surivet pour le
prix de 3,370 francs, dont deux mille furent payés
le 10 mai suivant, et le reste à des termes très-
rapprochés.

Cette opération n'était pas sans inconvénients.
Elle diminuait notablement l'étendue du cimetière,
déjà bien réduit par l'élargissement de la rue, et
la maison masquait disgracieusement le portail de
l'église.

Après la révolution de 1789, cette maison a souvent servi de presbytère ; car celui qui existait antérieurement avait été vendu comme bien national.

Le cimetière ayant été changé en novembre 1820,
M. l'abbé Chenailles, curé d'Antony, fit clore de
murs l'ancien emplacement, et en fit, avec l'autorisation du conseil municipal, le jardin du presbytère. Délibération du 8 février 1832.

Mais ni la maison ni le jardin n'étaient convenables et l'entrée de l'église était d'un aspect misé-
rable et repoussant. Quand je fus appelé à la cure
d'Antony, en 1843, je crus que mon premier
devoir était de terminer les décorations intérieures
de l'église, commencées par mes prédécesseurs
M. Chenailles et M. Gueyton. Mais après cela rien
ne me parut plus important que de changer l'entrée
de l'église.

L'administration municipale venait d'être mo-
difiée. M. Lohier, nouveau maire, et la bourgeoisie d'Antony étaient favorables au projet. Une

souscription fut ouverte, et parvint au chiffre de
4,000 francs. On savait que le département de la
Seine entrerait pour moitié dans la dépense totale,
évaluée à 16,600 francs. La commune n'avait donc
à s'imposer que 4,300 francs, environ ; et comme
elle ne payait guère que le quart de la dépense,
le conseil municipal prit une délibération favorable.

Le projet consistait à convertir en place publique
tout le devant de l'église en démolissant les murs
du jardin, celui de la cour et ceux du presbytère
ou ancienne école, dont on payait la valeur à la
fabrique, et on rachetait l'ancien presbytère avec
sa cour, son jardin et ses dépendances.

Le tout a été heureusement exécuté ; les abords
de l'église sont spacieux et forment une belle place;
le portail en a été réparé et embelli, et la paroisse
peut se flatter d'avoir un presbytère vaste, commode et agréablement situé.

Et je dois faire remarquer que cette opération
non-seulement fait honneur à la commune, mais
qu'elle y a gagné bien plus qu'elle n'y a dépensé ;
car pour un sacrifice de 4 à 5,000 francs, elle a
acquis le presbytère, qui, avec sa cour, son jardin
et ses dépendances, a été évalué à 14,000 francs;
elle est rentrée en possession du terrain de l'ancien
cimetière et de l'ancienne école, qui dans cette
position vaut bien 4,000 francs. Elle a été mise en
jouissance d'un petit bâtiment qui lui rapporte
300 francs de loyer, et enfin elle a déchargé son

budget de l'indemnité de logement de 200 francs, qu'elle payait au curé chaque année ; le tout forme en capital une valeur de 24 à 26,000 francs.

La fondation de M. le curé Lemoyne est entièrement perdue pour les pauvres du pays. Le fonds a été vendu comme bien national, et, si la maison de l'école des filles ne fut pas vendue, c'est que sans doute elle fut oubliée. Peut-être aurait-on pu conserver les prés en question, appelés alors les prés de la Charité, si on avait observé à l'administration des domaines qu'ils appartenaient aux pauvres ; car l'Assemblée nationale excepta des ventes à faire des biens nationaux ceux des hôpitaux, maisons de charité et autres établissements destinés au soulagement des pauvres. (*Décret du 23 octobre* 1790.)

Inspirée par un louable sentiment de reconnaissance, la fabrique d'Antony voulut transmettre à la postérité le nom et le bienfait de M. Lemoyne. Après sa mort, elle fit graver sur un beau marbre blanc le texte de sa donation.

Ce petit monument avait échappé à la rage des profanateurs de 1793, et on lisait encore en 1840 l'inscription sur ce marbre qui couvrait sans doute les cendres du vénérable curé. Il était placé parmi les dalles du chœur, entre le lutrin et le clocher. Mais des travaux d'embellissement ayant été faits à cette époque, on eut la malheureuse idée de donner à ce marbre une autre destination ; il fut livré à la scie, et on en fit les deux tablettes des fe-

nêtres de la sacristie neuve. On voit encore des
fragments du marbre et de l'inscription dans les
débris de constructions de l'église.

Je ne dois pas omettre de dire ici que, d'après
un acte rapporté dans le cartulaire, le curé Lemoyne avait obtenu l'autorisation de planter à
ses frais des arbres sur les côtés du chemin conduisant d'Antony à la route d'Orléans, c'est-à-dire
de l'avenue. Ce qui prouve que la route actuelle
d'Orléans existait avant 1700. On voit ces arbres
représentés dans la carte d'Antony de 1751. Il n'en
existe pas un seul aujourd'hui.

En 1820, M. Jérôme-Pierre Trudon, membre du
conseil général de la Seine, maire d'Antony, où il
était propriétaire, fit donation d'une somme de
1,500 francs de capital aux pauvres d'Antony pour
acheter la maison des sœurs et une inscription de
300 francs de rente pour l'entretien d'une sœur de
charité.

A la même époque, et conjointement avec
M. Trudon, madame Marie-Antoinette Lemort,
veuve de M. Jean-Baptiste Moutié, donna aussi une
somme de 1,500 francs de capital et une inscription de rente de 300 fr. aux pauvres d'Antony avec
la même destination, ce qui faisait un capital de
3,000 francs et 600 francs de rente.

La maison de l'école des filles appartenait, alors,

à mademoiselle Laguaisse, qui en fit la vente aux pauvres d'Antony, et reçut en payement les 3,000 fr. donnés par M. Trudon et madame Moutié.

L'acte de la double donation et de la vente de la maison fut passé chez M. Denis et son collègue, notaires royaux à Paris. Les pauvres étaient représentés par le bureau de bienfaisance, composé de MM. Nicolas Sauvage, curé, Pierre-Joseph Riou, Jean-Nicolas Barié, Jean-Baptiste-Gilles-Jacques Collette et Louis-Pierre Nicou. Le prix de la maison fut de 7,000 francs, dont 4,000 furent payés par la préfecture de la Seine. Les donations et la vente furent autorisés par une ordonnance royale du 26 janvier 1820.

Le notariat de M⁰ Denis et son collègue a passé depuis entre les mains de M. Lefort, notaire, rue de Grenelle-Saint-Germain, n° 3.

Ainsi fut fondée l'école des sœurs d'Antony, qui est d'une si grande utilité au pays, soit en donnant l'instruction aux jeunes filles sans aucuns frais pour les familles, soit en leur apprenant à connaître et à pratiquer la religion, base et source de la morale chétienne et du bonheur social.

A cette première donation M. Trudon en ajouta bientôt une seconde.

Par acte reçu, M⁰ Chapellier et son collègue, notaires à Paris, M. Trudon donna aux pauvres d'Antony une rente de deux cents francs, aux conditions suivantes :

1° Les arrérages de ladite rente de deux cents

francs courent au profit des pauvres de ladite commune d'Antony depuis le 22 septembre 1826.

2° Les arrérages seront reçus par le trésorier du bureau de bienfaisance, et seront par lui employés de suite à l'acquisition successive de dix francs de même rente pour chaque année. Ces rentes, successivement achetées avec les arrérages de l'inscription présentement donnée, seront immatriculées ainsi qu'il suit : *Les pauvres d'Antony, pour servir à l'entretien de deux sœurs de charité et à l'entretien de la maison.*

3° Ces rentes partielles de dix francs seront converties, tous les cinq ans, en une seule inscription de cinquante francs immatriculés de la même manière.

4° Enfin, pour assurer l'exécution des conditions ci-dessus, la rente de deux cents francs présentement donnée sera inscrite : *Les pauvres d'Antony.* Le trésorier du bureau de bienfaisance est autorisé à recevoir à la charge d'emploi en une rente de dix francs chaque année.

Il n'y aura donc d'employé à l'entretien des sœurs de la charité et de la maison que les arrérages des rentes qui auront été successivement acquises avec les arrérages de la rente de deux cents francs présentement donnée.

On voit, dans cette dernière donation et les conditions de l'emploi du revenu, le profond calcul du génie bienfaisant de M. Trudon ; car il en résulte :

1° Que la rente annuelle de deux cents francs produira, à perpétuité, une rente de dix francs chaque année.

2° Que ces rentes de dix francs chaque année, ajoutées les unes aux autres, feront, avec le temps, un revenu considérable pour l'établissement. Ainsi, dix ans après cette donation, ce revenu annuel était de cent francs ; cinquante ans après il sera de cinq cents francs ; dans cent ans il sera de mille francs, etc., outre les six cents francs de rente donnés dans l'acte de fondation.

Je dois faire remarquer aux habitants d'Antony le soin qu'a pris le fondateur de cette admirable institution de déclarer authentiquement que toutes ces donations sont faites aux pauvres d'Antony. Cette clause est exprimée 1° dans les deux actes de donation de quinze cents francs chacun ; 2° dans les deux actes de donation de trois cents francs de rente chacun ; 3° dans la donation des deux cents francs de rente ; 4° dans les deux ordonnances du roi autorisant ces donations.

Je dois dire ici que feu M. Charles-Étienne Chapellier, propriétaire d'une campagne à Antony et ancien notaire à Paris, a fait exécuter des travaux dans les bâtiments de l'école pour une somme d'environ cinq mille francs.

Cet établissement a reçu une augmentation considérable par l'accession d'une salle d'asile, commencée en 1846 et aujourd'hui en pleine activité. Les frais des constructions nouvelles ont été faits partie par la commune, partie par la préfecture de la Seine. L'asile est un établissement communal.

Les dames les plus honorables d'Antony, parmi les bourgeois et les propriétaires, ont bien voulu se charger de surveiller cet asile et de pourvoir à ses besoins.

Pour compléter ici ce qui regarde les écoles d'Antony, j'ajoute que l'école des garçons est établie dans une des salles du rez-de-chaussée de la mairie, à laquelle cette destination a été donnée à l'époque même des constructions. Je ne regrette qu'une chose, c'est que l'instruction des garçons soit encore payée, tandis que celle des filles est gratuite. Il en résulte malheureusement que nos jeunes filles sont bien plus instruites que les petits garçons, quoiqu'ils aient pour le moins autant besoin d'instruction qu'elles. Je dois cependant dire que l'instituteur actuellement en fonction est un très-bon maître, et de bon exemple; puisse-t-il en être toujours de même!

En 1838, il a été créé à Antony une association ouvrière de secours mutuels; mais elle avait d'abord peu de ressources et un petit nombre de sociétaires.

En 1850, trois particuliers du pays, MM. Baron, Cazin et Henry, s'occupèrent de donner des bases plus solides et un plus grand développement à cette institution si morale et si utile. Ils y ont très-heureusement réussi.

Les statuts de l'association furent présentés à M. Carlier, préfet de la Seine, qui les approuva et les fit enregistrer dans ses archives, sous le n° 88 de la deuxième série.

La société s'est mise sous la protection de sainte Cécile, dans l'intention d'honorer madame Trudon, née Cécile Depile, son mari et ses enfants, bienfaiteurs du pays et de la société.

Pour y être admis, les ouvriers doivent être de bonnes vie et mœurs, être exempts de maladies chroniques et d'infirmités, verser dans la caisse une première mise qui varie de cinq à vingt francs, selon l'âge du sociétaire, et payer un franc par mois de cotisation.

A ces conditions, la société accorde à chacun de ses membres, malade ou blessé, les soins du médecin, les médicaments et un franc par jour ; une somme de trente francs pour frais funéraires en cas de mort.

Les statuts recommandent la bonne conduite, et l'assistance mutuelle aux associés ; ils exigent la présence de tous à la fête du corps (Sainte-Cécile), et qu'après l'office chacun se rende à ses occupations.

La société compte aujourd'hui quatre-vingt-dix membres, et, grâce à des souscriptions volontaires, en sus des cotisations mensuelles et des mises d'entrée, elle possède un capital de 6,000 fr., portant intérêt en sa faveur.

La fondation de cette société fait honneur au bon sens des ouvriers qui en font partie, et aux hommes éclairés qui en ont posé les fondements.

Mais ce n'est pas la dernière œuvre utile établie à Antony ; il s'en est formé une autre, qui s'occupe spécialement des pauvres du pays.

Le bureau de bienfaisance n'a qu'une faible somme d'environ 300 fr. à distribuer aux indigents, qui ne reçoivent des secours de lui que pendant les mois de décembre, janvier et février.

La charité privée allait au secours de bien des souffrances ; mais elle était souvent trompée par la mauvaise foi, et l'aumône, donnée généreusement par le riche, au lieu de soulager l'indigent, alimentait la débauche et la paresse. Antony a vu, à cet égard, des abus incroyables. La cure a été occupée, de 1806 à 1824, par un vieillard respectable sous tous les rapports, mais dont la bonté, à l'âge avancé où il était parvenu, dégénérait en faiblesse.

Une foule de pauvresses l'assiégeait continuellement ; on l'attendait à la porte de l'église ; on l'arrêtait dans les rues ; on le faisait entrer dans les maisons : là, on lui enlevait de force son argent ou sa montre ; on lui faisait souscrire des bons pour des châles de 60 fr. ; on allait lui faire violence chez lui, et parfois il a fallu appeler M. le maire pour l'arracher à ces harpies.

Il était donc nécessaire de régler les distributions de la charité privée, afin d'assurer le nécessaire aux véritables indigents, et d'écarter les fausses demandes.

J'ai obtenu cet heureux résultat en formant, en novembre 1848, une association de charité, où sont entrées les personnes qui ont l'habitude de faire l'aumône. Parmi elles, j'ai choisi celles qui connaissent le mieux la population, et, par conséquent, les besoins des familles, et j'en ai formé un comité qui se réunit tous les mois, reçoit les demandes, les accueille quand elles sont fondées, les refuse quand elles ne le sont pas, et quelquefois soulage même des besoins inconnus, et qui n'osent se mettre au jour.

Cette association produit environ 700 fr. par an, et rend de très-importants services aux malheureux. Un résultat déjà obtenu, c'est d'abolir la mendicité des enfants, en ne donnant des secours aux parents qu'à la condition que leurs enfants iraient à l'école au lieu d'aller paresser et tendre la main. Les dames du comité s'occupent aussi des malades pauvres, à qui elles donnent d'urgence les secours nécessaires, et des vieillards, à qui elles procurent l'assistance de leurs enfants, quand ceux-ci sont en état de les secourir, et ajoutent ce qui peut leur manquer encore.

INDUSTRIE ET COMMERCE.

———

L'historien de Paris Dulaure parle en ces termes du commerce et de l'industrie d'Antony : « On y trouve une manufacture royale de bougies, et une blanchisserie de cire appartenant à M. Trudon. Il y a aussi un lavoir de laines et des plâtrières estimées. »

Cette manufacture de cire est très-ancienne, et a toujours joui d'une grande vogue. La probité connue du propriétaire lui a valu jusqu'ici la confiance générale. Elle appartient aujourd'hui à madame Chapellier, fille de feu M. Trudon, qui ne l'exploite point, et la donne à bail. Nous avons tout lieu d'espérer, dans l'intérêt de la famille et celui du pays, que ces arrangements ne nuiront point à cet établissement, et que la qualité de la marchandise, toujours irréprochable, assurera le succès de l'entrepreneur.

Il n'existe plus de lavoir de laine à Antony ; mais le Pont possède une féculerie de pommes de terre qui compense la perte du lavoir de laines.

Mais les plâtrières d'Antony ont une grande importance ; le débit de plâtre est considérable, et l'exploitation donne du travail à un grand nombre d'ouvriers.

J'ai trouvé dans le cartulaire une requête présentée au prieur et aux religieux de l'abbaye de Saint-Germain-des-Prés-lès-Paris, par laquelle « Pierre Noyer Camer, leur sujet et habitant d'Antony, ayant reconnu certain endroit en un héritage qu'il a naguère acquis de Marie Marchais, proche et derrière la maison d'Antoine Berthelot, audit Antony, fort propre pour faire une carrière et plâtrière, n'aurait voulu en commencer l'ouverture sans permission. A ces causes, le suppliant requiert permission de faire ladite carrière, attendu le bien public, à la charge de garder et observer les règlements faits en tel cas, laquelle requête a été appointée aux fins d'icelle, et moyennant quatre muids de plâtre, à la première réquisition desdits religieux. Fait et donné le 17 octobre 1601. »

Le nom propre Camer, à peine lisible dans l'original, me paraît avoir été mal écrit. Il faut probablement lire Cartier mis pour Chartier ; car il est de toute notoriété que la famille Chartier, aujourd'hui Baron-Chartier, possède des plâtrières à Antony de temps immémorial.

Elles sont situées sur le plateau qui domine Antony ; déjà le terrain compris entre le chemin de Châtenay et l'allée de Morteau a été entièrement fouillé. C'est probablement là ou à peu de distance que se trouvait la plâtrière dont il s'agit dans l'acte précédent.

Quoique je n'écrive pas pour les savants, je ne dois point omettre la question géologique que présentent naturellement les carrières à plâtre ou à gypse d'Antony. Elles ont été explorées par un savant illustre, M. Cuvier, qu'il me suffira de transcrire. Voici ce qu'il en dit dans sa description géologique des environs de Paris, page 247, édition de 1822 :

« De Bagneux à Antony, nous ne connaissons pas d'exploitation régulière de gypse. Il paraît que les couches y sont trop minces; mais on y voit les marnes de gypse et les huîtres qui le caractérisent.

« Nous avons reconnu près du château de Sceaux les huîtres dans des sables argileux; et, près des cascades, on voit les marnes vertes et les sphéroïdes de strontiane sulfatée.

« A Antony, l'entrée des carrières à plâtre est au plus à 10 mètres au-dessus du fond de la vallée; d'où il résulte, comme les détails suivants vont le prouver, que les couches de gypse sont inférieures au lit de la Bièvre.

1° Terre franche sur une couche de silex. . . . .
2° Marne grise. 0.20
3° Marne feuilletée avec un lit d'argile sablonneuse
　　rouge 0,33
4° Marne brune (pain de savon). 1,00

　　　　　　　　　　A REPORTER. 1,53

Report.	1,53
5° Marne grise assez dure.	1,00
6° Premier banc de gypse assez bon (bancs du haut).	1,15
7° Marne grise.	0,27
8° Marne blanche, environ.	0,07
9° Deuxième banc de Gypse (plâtre bleu).	0,27
10° Marne blanche.	0,03
11° Troisième banc de gypse mêlé de marne blanche.	0,16
12° Autre marne blanche.	0,03
13° Autre lit de marne grise dure mêlée de gypse. .	0,03
14° Marne brune feuilletée.	0,08
15° Marne grise feuilletée (souchet) avec os fossiles.	0,33
16° Marne calcaire blanche très-dure.	0,16
17° Quatre lits de marnes grises ou brunes, ensemble	0,50
18° Enfin la pleine masse de gypse de sept lits. . .	2,50
Total.	8,11

« C'est dans cette dernière masse qu'on a trouvé le plus d'os fossiles; elle pose sur un plancher de marne. »

En donnant ce tableau, M. Cuvier observe que l'épaisseur des bancs, déduite des rapports des ouvriers, ne s'accorde pas avec celle qui résulte des mesures prises par lui depuis avec le baromètre. Il continue en ces termes :

« En suivant la Bièvre, et pénétrant dans la vallée, on reconnaît partout, au niveau du fond de cette vallée, les marnes vertes, renfermant les grands cristaux de gypse et des masses volumineuses de strontiane sulfatée, à retraits prismatiques.

C'est à cette vallé que se terminent les lits de gypse susceptibles d'exploitation. Il y a bien encore sur la rive droite de la Bièvre une assez grande étendue de terrain, appartenant à la formation gypseuse, mais le plâtre y est ou trop peu abondant ou trop enfoncé au-dessous du niveau des eaux pour qu'on puisse l'exploiter avec avantage. »

Je me hâte de signaler une première erreur de M. Cuvier. Les plâtrières d'Antony ont une profondeur de trente-cinq mètres depuis l'ouverture jusqu'au banc de marne qui sert de plancher au dernier banc de gypse en exploitation; ce qui est bien loin de huit mètres onze centimètres, qu'il leur donne d'après les ouvriers qu'il a consultés.

M. Cuvier se trompe aussi lorsque, admettant que l'ouverture des plâtrières est à dix mètres au-dessus du fond de la vallée, et qu'elles n'ont que huit mètres onze centimètres de profondeur, il en conclut que les couches de gypse sont inférieures au lit de la Bièvre. Il devait en conclure, au contraire, qu'elles lui sont supérieures.

On a fouillé le fond de la carrière, et on a découvert d'autres couches gypseuses; mais il n'a pas été possible d'en tirer parti, soit parce qu'elles étaient très-minces, soit à cause de l'eau qui naissait en abondance.

Les plâtrières d'Antony, comme celle de Montmartre, abondent en ossements et en plantes fossiles.

M. Cuvier, dans sa brillante théorie des animaux antédiluviens dont les ossements se trouvent dans le sol parisien, met en second rang un quadrupède qu'il nomme anoplothérium, et dont il compte cinq espèces, dont la première est l'anoplothérium commun.

« Les individus de cette espèce, dit-il, avaient la stature d'un âne ou d'un petit cheval, et une queue remarquable par sa longueur et son épais-seur. Leur corps était allongé comme celui d'une loutre, avec laquelle il avait une grande ressem-blance. Ils devaient, comme elle, être nageurs, her-bivores et couverts d'un poil lisse. On découvrit à Montmartre les principales parties d'un squelette, et à Antony une tête de cette espèce. »

Depuis les observations de M. Cuvier, on a trouvé dans les carrières d'Antony la dépouille os-seuse d'un animal que les ouvriers comparent à une génisse ou à un petit cheval. C'était peut-être le squelette entier d'un anoplothérium commun de M. Cuvier.

En ma qualité d'écrivain catholique, je dois faire remarquer aux habitants d'Antony qu'ils ont sous leurs yeux et sous leurs pas les preuves matérielles de l'existence du déluge universel. Cette catastro-phe terrible est un des événements les plus graves, dont les livres saints nous ont transmis le souvenir; c'est aussi un de ceux que la philosophie du dernier siècle a attaqués avec le plus d'achar-nement. Mais aussi la Providence divine a multi-

plié à l'infini et rendu palpables les preuves les
plus éclatantes en sa faveur.

Comme fait historique, le déluge est surabon-
damment prouvé, non-seulement par Moïse, le
plus respectable, sans doute, de tous les historiens
de l'antiquité, mais encore par les auteurs païens.
Il en est fait mention dans Bérose le Chaldéen, dans
Nicolas de Damas, dans Abydène, dans Lucien
(*Traité de la Déesse Syrienne*), dans le Chou-King
(*Histoire sacrée des Chinois*), dans les livres religieux des Hindous, dans Hésiode et dans Homère.

Mais à l'appui de ces documents historiques,
émanés de sources si diverses, la nature ouvre ses
annales, et le globe terrestre montre dans sa construction le témoignage écrit de la révolution di-
luvienne.

Chose digne de remarque : ces preuves se trouvent accumulées de préférence dans le sol parisien,
où la philosophie moderne a dressé ses chaires
d'incrédulité. Sur ce point important, je laisse
parler M. Cuvier.

« La contrée dans laquelle Paris est situé est
peut-être l'une des plus remarquables qui aient
encore été observées, par la succession des divers
terrains qui la composent, et par les restes extra-
ordinaires d'organisation ancienne qu'elle recèle.
Des milliers de coquillages marins, avec lesquels
alternent régulièrement des coquillages d'eau
douce, en font la masse principale ; des ossements
d'animaux terrestres entièrement inconnus, même

par leur genre, en remplissent certaines parties. D'autres ossements d'espèces considérables par leur grandeur, et dont nous ne trouvons quelques congénères que dans les pays fort éloignés, sont épars dans les couches les plus superficielles ; un caractère très-marqué d'une grande irruption venue du sud-est est empreint dans les formes des caps et les directions des collines principales. En un mot, il n'est point de canton plus capable de nous instruire sur les dernières révolutions qui ont terminé la fondation de nos continents. (*Essai sur la Géographie minéralogique des environs de Paris*, par MM. Cuvier et Brongniart, page 1.)

Ainsi, d'après l'état constaté des différentes couches qui forment la croûte supérieure du globe, il s'y trouve des plantes pétrifiées qui ne naissent que dans la mer, des squelettes, des coquillages et des arètes de poissons qui vivent dans la mer, des ossements d'animaux qui n'existent plus, ou qui ont existé dans d'autres climats ; or, il est impossible d'expliquer cela sans un bouleversement, tel que le déluge de Moïse.

Car, d'après les détails de la Genèse, la terre fut engloutie sous les eaux pendant cent cinquante jours, et n'en fut dégagée qu'après dix mois. Les vents soufflaient avec violence, allant et venant en sens contraire. Les eaux de la mer ont donc été poussées sur les continents à plusieurs reprises, et y ont apporté les productions marines ; elles ont aussi été repoussées en sens contraire ; et alors les

eaux douces ont de nouveau inondé la terre
ferme, les couvrant de différents détritus de plantes et d'animaux.

Je remarque dans le passage précédent que
M. Cuvier fait venir le cataclysme du sud-est, c'est-
à-dire de l'Asie centrale. Or, c'est là que fut le
principal théâtre de la ruine du genre humain, au
témoignage de Moïse ; c'est là que fut construite
l'arche de Noé ; c'est de là que soufflait la colère
de Dieu sur les hommes coupables répandus dans
le monde.

Je pense donc, dit encore M. Cuvier en ter-
minant, que s'il y a quelque chose de constaté en
géologie, c'est que la surface de notre globe a été
victime d'une grande et subite révolution, dont la
date ne peut remonter beaucoup au delà de cinq
ou six mille ans ; que cette révolution a enfoncé et
fait disparaître les pays qu'habitaient auparavant
les hommes et les espèces des animaux aujour-
d'hui les plus connus ; qu'elle a, au contraire, mis à
sec le fond de la dernière mer, et en a formé les
pays aujourd'hui habités, que c'est depuis cette
révolution que le petit nombre des individus épar-
gnés par elle se sont répandus et propagés sur les
terrains nouvellement mis à sec, et par conséquent que c'est depuis cette époque seulement
que nos sociétés ont repris une marche progres-
sive, qu'elles ont formé des établissements, élevé
des monuments, recueilli des faits naturels et
combiné des systèmes scientifiques. »

Après avoir lu ces paroles dans Cuvier, on est étrangement surpris de trouver dans M. Dulaure, historien de Paris, une conclusion en sens contraire, déduite des mêmes principes.

Cet auteur dit, page 54, tome 1er : « De ces notions incontestables qui démentent les traditions vulgairement reçues, et de ce qu'on n'a découvert dans ces fouilles aucune trace de squelette humain, il résulte que les plus anciens habitants du sol parisien furent des poissons, des oiseaux, des reptiles, des quadrupèdes, et non des hommes. »

Ainsi l'historien Dulaure cite avec éloge le nom de M. Cuvier ; il en admet la théorie, il en proclame les principes comme des *notions incontestables ;* et en résultat final, il conclut par la négation des traditions vulgairement reçues, c'est-à-dire du déluge, tandis que M. Cuvier conclut à l'affirmation de ce même déluge, dont il fixe la date d'après les données naturelles, date qui se rapproche beaucoup de celles des livres saints.

Tel est l'indigne abus que M. Dulaure fait de sa plume , il se sert ici du nom et de l'autorité de M. Cuvier pour faire passer une impiété dont il est l'auteur, et contre laquelle ce dernier a protesté d'avance dans ses écrits. Comme cet écrivain, beaucoup trop répandu, souille toutes ses pages de mensonges et de calomnies contre l'Église, et le clergé, je crois devoir le faire connaître.

Voici ce qu'en dit Pérennès, professeur de littérature française à l'académie de Besançon, dans son supplément au *Dictionnaire historique* de Feller, édition de 1842 :

« Dulaure (Jacques-Antoine) révéla son nom au public, en 1785, par la description de Paris : ouvrage irreligieux et immoral dans lequel l'auteur manifestait des principes que ne démentit point le reste de sa vie, et dont le scandaleux succès fut accru par la saisie qui en fut faite en vertu des ordres du garde des sceaux. Deux autres productions du même genre, la description des environs de Paris et les singularités historiques complétèrent la pensée de l'auteur. Dans le dernier, le plus dégoûtant des deux, il crut devoir garder l'anonyme..... Nommé, en 1792, député du Puy-de-Dôme à la Convention nationale, Dulaure, vota la mort de Louis XVI, sans sursis et sans appel. On ne peut rien imaginer de plus absurdement atroce que les considérants du jugement prononcé par cet homme contre l'infortuné monarque..... Son histoire physique, civile et morale de Paris, est aux yeux de ses admirateurs son chef-d'œuvre. Ce qu'il y a de bien certain, du moins, c'est qu'il s'y est surpassé en déclamations haineuses et envenimées contre la religion catholique, ses ministres et la monarchie de saint Louis. C'est dans la fange de nos annales et dans les documents les plus suspects qu'il va chercher des armes pour renverser les institutions les plus respectables. »

Ainsi, l'atrabilaire historien, digne coopérateur de Marat, dont il professait les principes, et dont il imitait la conduite publique et privée, après avoir cherché à détruire la religion comme législateur, a continué de la poursuivre et de la dénigrer comme écrivain. On voit par là de quelle valeur sont ses déclamations, aussi contraires au bon goût qu'à la vérité.

Détournons nos regards et terminons notre travail par des pensées plus consolantes.

Malgré les efforts des ennemis de la religion, la paroisse d'Antony est en progrès. L'année dernière, une souscription spontanée a enrichi l'église de burettes en argent doré.

Il est question, cette année (1852), de faire l'acquisition d'un orgue, et le projet est déjà assez avancé pour que le succès puisse être regardé comme certain.

Un projet bien plus important va être présenté au conseil municipal, celui de la restauration des murs et des contreforts de l'église.

Le succès ne me paraît pas douteux si le devis de l'architecte se borne aux dépenses absolument nécessaires. Dans toutes ces améliorations, je me fais un vrai plaisir de le dire, M. Jules-Frédéric Lohier, maire depuis huit ans, a montré beaucoup de zèle, d'intelligence et d'activité. Il est parfaitement secondé par son adjoint, M. Louis-Joseph Henry, médecin, et par la classe bourgeoise.

Il s'est formé depuis peu à Antony trois pensions pour les enfants. Celle des sœurs, celle de M. Len-

nuyer, instituteur communal, et celle de madame Lebrun, au Pont. Elles méritent toutes les
trois la confiance des familles.

FAITS DETACHÉS.

On lit dans le *Mercure de France*, mars 1749 :

« Le vingt et un décembre dernier, il passa par
Antony un homme qui s'y arrêta chez un maçon de
sa connaissance, auquel il fit part d'une commission
en chef qu'il venait d'obtenir pour établir un bureau des affaires de la guerre à Paris, aux appointements de six mille francs, avec quinze commis
sous lui. Cet homme ajouta qu'il était chargé d'autres commissions particulières pour les affaires se-
crètes de l'État. Le maçon, pour lui marquer la part
qu'il prenait à ces nouvelles, voulut lui donner à
souper, et n'étant pas logé commodément, il le
conduisit à l'enseigne du Lion-d'Or, chez le nommé
De Brie, hôtellier. Il y annonça son ami comme un
homme puissant. Aussitôt l'hôtellier, qui a deux fils
fort sages, dont le cadet, âgé de dix-neuf ans, a pris
le parti de l'emploi et cherchait de l'occupation,
demanda la protection du maçon auprès de l'employé pour ce fils. On en parla, et cette proposition

fut reçue si gracieusement qu'on invita M. l'employé à coucher.

Le lendemain, en partant, il assura que dans peu de jours on aurait de ses nouvelles. En effet, trois ou quatre jours après, il envoya un exprès avec une lettre par laquelle il mandait à l'hôtellier qu'il avait inscrit le jeune homme parmi ses commis aux appointements de mille livres, qu'il ferait incessamment expédier sa commission, et que les appointements courraient du premier de l'année, quoique le travail ne commençât pas encore, attendu que les affaires n'étaient pas en état.

Ces bonnes gens, ravis de joie, allèrent remercier leur protecteur, rue des Quatre-Fils, au Marais, où était sa demeure, et l'invitèrent à aller les voir pour lui témoigner toute leur sensibilité: ce qu'il promit de faire en allant, disait-il, aux rendez-vous secrets que le roi lui donnait.

A quelque temps de là, il se rendit chez eux, s'y établit, et demanda d'y être nourri à quatre livres par jour, et voulut que le fils cadet de la maison le fût sur le pied de la moitié de ce prix, disant que ce dernier article serait pris sur les appointements dont le jeune homme toucherait bientôt le premier quartier.

Notre aventurier, pendant son séjour à Antony, sortait souvent, tantôt à pied, tantôt à cheval, sous prétexte d'aller aux endroits où le roi devait avoir des conférences avec lui. Sa majesté, disait-il, lui

faisait la grâce de lui accorder ce qu'il lui deman-
dait dans ces rendez-vous, et il était par cette faveur en état d'obliger beaucoup de personnes.

Avec de pareils discours il en a imposé à toute
cette paroisse en promettant à l'un un congé, à
l'autre les Invalides, à celui-ci une commission, à
celui-là une pension, et entre autres à une com-
munauté religieuse le franc-salé dont il a fait voir
les lettres expédiées. Il a eu même la hardiesse
d'annoncer que, par un ordre exprès de sa majesté,
lequel il a montré, il devait donner un bal public
à Antony. En conséquence, il a fait marché avec
divers marchands pour les fournitures dont il a demandé les livraisons pour un jour indiqué.

Des choses si bruyantes firent de l'éclat, et le
bruit en vint à M. de la Bernardière, qui, s'étant
informé du sujet, le reconnut pour un fourbe.

Pour mieux s'assurer de ce qu'était ce personnage, M. de la Bernardière lui rendit visite en son
hôtellerie, et M. l'employé, étant allé le lendemain
chez M. de la Bernardière, y fut arrêté. On trouva
sur lui plusieurs papiers avec des signatures des
ministres, contrefaites. M. de la Bernardière, après
les avoir envoyés à la cour, a fait transférer cet
aventurier au Châtelet.

L'homme dont il s'agit était laquais chez M. Ber-
tin de Vaugiens, il y a onze à douze ans. Son maître,
qui lui trouva du goût et de l'intelligence, lui donna
un maître à écrire, et lui fit apprendre l'arithmé-
tique, les changes étrangers et la tenue des livres

en parties doubles; ensuite, il le fit son secrétaire, et l'envoya travailler chez son notaire, lui conservant son logement et sa table; il le porta même sur son testament pour 300 livres de rente viagère. Le même homme a depuis été employé chez M. Bonneau, secrétaire du roi, dans l'affaire des charges municipales.

Le 15 novembre 1715, par testament, M. Jean Feydeau, entre autres legs, donna, à titre de simple commission, à un prêtre chapelain, qui sera tenu de dire tous les jours la messe dans l'église paroissiale d'Antony et d'y faire tenir l'école, la somme de 320 fr. par année, et aussi de 30 fr. par an à l'œuvre et fabrique d'icelle paroisse d'Antony, à la charge de fournir par les marguilliers, audit chapelain, le pain, vin, luminaire et ornements convenables.

Par échange, en 1690, Pierre Lemoyne, curé d'Antony, acquit des religieux de Saint-Germain-des-Prés le jardin situé contre le mur des bergeries, sous l'église, et attenant au jardin du presbytère, laissant auxdits religieux le tour de l'échelle le long du mur de la bergerie, se réservant le droit de poser des pitons pour les vignes et espaliers.

Ainsi, le jardin du presbytère ne s'étendait pas au delà du mur méridional de l'église avant M. Le-

moyne. Les fondements du mur de séparation existent encore. Ils partent de l'angle, et suivent la direction du chevet de l'église. M. Lemoyne avait fait
abattre ce mur pour mettre l'ancien et le nouveau
jardin en communication.

En 1695, les bâtiments de la ferme du Pont furent consumés en entier par un incendie causé par
la foudre.

Le 28 août 1719, un incendie détruisit sept maisons.

Le 13 septembre 1701, il y eut transaction entre
le duc du Maine, baron de Sceaux, et les religieux
de Saint-Germain, concernant la redevance annuelle de 231 liv. 2 s. 9 d. pour le cens, rente et
indemnité de dîmes de 173 arpents enclavés dans
le parc de Sceaux, et contenant l'hommage du fief
de Saint-Germain à Châtillon, passée par devant
Laguide et son confrère, notaires à Paris.

Une sentence du 6 mars 1394 condamna les che-
valiers hospitaliers de Saint-Jean-de-Jérusalem,
propriétaires de 22 arpents de terres, à payer les
dîmes aux religieux de Saint-Germain-des-Prés.

Le fermier de ces terres, situées au-dessus du
pont de Mancey, sur le chemin de *Longjumel* à
Bourg-la-Reine, était Perrin Boudet.

Ce chemin de Longjumel à Bourg-la-Reine, passant au pont de Mancey, né pouvait être que l'ancienne route allant d'Orléans à Paris, ce qui indique qu'en 1394 la route actuelle n'existait pas encore.

En 1688, le marquis de Seignelay, seigneur de la terre de Châtenay, eut le projet de joindre à cette terre une partie de celle d'Antony, et en fit lever un plan qui existe encore dans les archives nationales. On y trouve une voie qui entre dans le parc de Sceaux, sur le prolongement de celle de Valclos ou de Mancey. Le plan lui donne le nom de voie de l'Hirondelle.

Les guerres de religion détruisirent les foires et marchés d'Antony. Les huguenots brûlèrent, en 1562, non-seulement les pressoirs, mais encore la ferme de l'abbaye. (L'abbé Lebeuf.)

Comme il est constant, d'après d'autres documents, que l'église, à l'exception du chœur, a été rebâtie vers 1570, il est permis de croire que les huguenots, après avoir brûlé la ferme, se mirent à démolir l'église, qui n'en était séparée que par une cour. C'est peut-être alors que fut abattue la belle pyramide en pierre de taille qui surmontait la tour du clocher, et qui a été remplacée par une flèche en bois avec couverture d'ardoises. On sait que les huguenots signalaient leur passage dans un pays par la ruine des édifices religieux, et que, pour avancer l'ouvrage, ils renversaient les parties hautes du clocher sur les voûtes des églises. Cela expliquerait le mouvement qu'ont subi la voûte du

chœur et le mur du chevet. Ceux-ci auraient cependant résisté, tandis que la grande voûte, ayant
plus de diamètre et moins de force, aurait suc-
combé.

Les foires que les Huguenots détruisirent avaient
été établies à Antony par lettres patentes du roi
François Ier, en 1545. La foire annuelle se tenait le
jeudi d'après la Pentecôte, qui était aussi, dit Dulaure, le jour de la fête du village. Antony avait
aussi un marché tous les jeudis.

Les vieillards d'Antony racontent un sinistre arrivé vers 1744 dans une des plâtrières alors en exploitation.

Un éboulement ferma tout à coup l'ouverture du
puits, et deux ouvriers, qui s'y trouvaient alors,
furent dans l'impossibilité d'en sortir ; on se mit à
l'ouvrage avec ardeur, comme il arrive toujours
en pareil cas, pour arracher ces deux malheureux
à leur perte ; on était parvenu près du fond de la
plâtrière, et déjà on entendait les coups de pioche
des deux ouvriers, qui, de leur côté, travaillaient
à s'ouvrir un passage, lorsqu'un second éboulement, causé, disent quelques-uns, par un coup de
tonnerre, détruisit les travaux faits à l'extérieur.

On recommença l'entreprise avec ardeur ; tous
les bras capables d'être utiles furent employés ;

on arrêta sur la route les passants qui étaient à même de travailler ; à mesure qu'on descendait, on écoutait si les pauvres reclus continuaient à travailler ; mais on n'entendait rien, et on commençait à craindre qu'ils ne fussent morts.

Enfin, on parvint jusqu'à eux ; on les trouva étendus sans mouvement, mais respirant encore ; on leur donna l'air, la nourriture et la chaleur par degrés, et ils furent rappelés à la vie. Pendant plus de deux jours, ils n'avaient eu d'autre nourriture que quelques chandelles destinées à l'éclairage.

Le bruit de cet accident se répandit au loin ; on s'intéressa vivement au sort des deux ouvriers ; des secours arrivèrent en grande abondance, et ils eurent un revenu suffisant pour vivre le reste de leurs jours.

On trouve dans l'abbé de Foi (*Notice des diplômes, chartes et actes relatifs à l'histoire de France*) une charte de Childebert Ier, roi de France, contenant fondation de l'abbaye de Saint-Vincent, à Paris, appelée depuis Saint-Germain-des-Prés.

Childebert, suivant les meilleurs critiques, jeta les premiers fondements de ce monastère, incontinent après son retour de Saragosse, en 543 ; mais l'église que ce prince fit bâtir ne fut entièrement finie qu'en 558. On en fit la dédicace le 23 décembre de cette même année.

Le roi donne par ce diplôme à l'abbé et aux moines de ce monastère son fisc d'Issy, près Paris, avec toutes ses dépendances, ajoutant à cette donation le droit de pêche dans la Seine, depuis l'embouchure de la petite rivière de Sèvres jusques au pont Notre-Dame, avec l'oratoire de Saint-André, nommé aujourd'hui Saint-André-des-Arcs, et son territoire.

On voit par cette charte, comme par celle de 829 et celle de 872, que la seigneurie d'Antony ne fut pas donnée aux religieux de Saint-Germain par le roi Childebert, lorsqu'il fonda ce monastère, mais, plus tard, par l'évêque de Paris, comme nous l'avons dit au chapitre du régime féodal.

Le cartulaire cite un acte en parchemin de l'année 1472, par lequel Robert, abbé de Saint-Germain, donne à bail le moulin de Gretz à Jean et Guillaume Collette, d'Igny, ce qui s'accorde avec l'enquête de 1553, et donne à cette famille, qui existe encore, une ancienneté de 500 ans.

Les autres familles anciennes, qui ne sont pas nommées dans le corps de l'ouvrage, et dont l'existence est prouvée par les différents actes passés sous mes yeux, sont :

En 1528.	Raffart.	En 1675.	Duval.
1528.	Courtois.	1680.	Guilbon.
1528.	Robert.	1680.	Chartier.
1539.	Béguin.	1680.	Riou.
1541.	Denyse ou Denys.	1680.	Roger.
1668.	Boucher.	1680.	Mongarny.

En 1680.	Langlois.	En 1688.	Chenù.
1680.	Giraut.	1690.	Trudon.
1681.	Monneau ou Moineau.	1690.	Lefort.
		1690.	Girou.
1682.	Lucas.	1696.	Drouet.
1682.	Giraut.	1698.	Nicou.
1686.	Richard.	1700.	Perpereau.
1686.	Bergère.	1700.	Souchet.
1687.	Grondard.		

L'histoire d'Antony était sous presse lorsqu'un particulier du pays m'a communiqué la relation écrite de la délivrance des deux ouvriers qu'un éboulement avait enfermés dans une plâtrière. Je la fais mettre à la fin du volume, pour compléter un récit nécessairement inexact, ayant été recueilli sur le témoignage oral de quelques personnes âgées. Ce manuscrit avait été conservé dans la famille Grondard.

Le lundi dix juillet 1752, à sept heures du matin, deux ouvriers travaillaient dans une carrière à cent dix pieds de profondeur. L'un d'eux, nommé Cannu, maître de la carrière, donna ordre aux ouvriers d'en haut de descendre un câble pour détacher une pierre qui menaçait de tomber.

Un troisième ouvrier vint donc arracher cette pierre ; mais en tombant elle entraîna la maçonnerie, et les deux ouvriers qui étaient au fond, avertis par leur compagnon, eurent à peine le temps de se sauver dans les galeries, tandis qu'il était enlevé lui-même par le câble, dont l'autre bout était violemment tiré par l'éboulement, de sorte qu'en remontant, il fut lancé au-dessus du cabestan.

Tous les carriers des environs accoururent au secours de leurs camarades, et on travailla jour et nuit au sauvetage ; mais le mardi, un second éboulement, causé par le défaut des précautions nécessaires, découragea les ouvriers et leur fit abandonner l'entreprise.

'M. de Sauvigny, intendant de la généralité de Paris, ordonna à M. Leblanc, architecte, de s'y transporter, et le mercredi, à deux heures, les travaux étaient repris ; les échafaudages de soutènement furent faits avec plus d'intelligence, au moyen d'étoiles à six pointes, et le travail se poussait vivement ; mais à huit heures du soir un orage affreux chassa les ouvriers, et les força à se réfugier dans le four à plâtre. Tout à coup on vit sortir du puits une épaisse fumée sentant le soufre. Un coup de tonnerre avait mis le feu à la charpente.

Les travaux furent de nouveau abandonnés, ensuite repris avec lenteur et découragement, et continués jusqu'au lundi ; mais alors les eaux coulèrent des terres voisines dans l'ouverture en si grande abondance, les terres elles-mêmes s'éboulèrent en si grande quantité, que les ouvriers désertèrent une troisième fois.

A trois heures, l'intendant fit partir cinq cureurs

de puits, qui furent suivis d'un ouvrier intelligent et intrépide nommé Poulain, et, par leurs soins, le creusement était parvenu, le mercredi, vers quatre heures du matin, à quarante-huit pieds de profondeur, lorsque les ouvriers entendirent leurs compagnons enfermés les avertir qu'il y avait un vide au-dessous deux, et qu'ils devaient se soutenir par des cordages. La précaution avait été prise d'avance, très-heureusement, car, à l'instant, la terre s'affaissa, et les travailleurs restèrent suspendus aux cordes préparées.

Voilà les libérateurs au comble de leurs vœux; ils retrouvent leurs camarades vivants, ils les remontent au moyen du câble, et on les rend à la lumière et à la vie après une captivité de neuf jours.

On les mit sur des matelas recouverts de tentures pour tempérer la clarté du jour, et on les transporta chez M. Trudon, à la manufacture de cire.

La première demande que firent les pauvres ouvriers, du fond de leur cachot, fut celle d'une messe du Saint-Esprit, qui fut dite pendant qu'on les retirait. En montant ils chantèrent le *Miserere*, et tenaient dans leurs mains une petite croix qu'ils avaient faite avec des morceaux de bois trouvés dans la carrière. Un *Te Deum* fut chanté le même jour, 19, au milieu d'un concours immense de fidèles.

Le comte de Clermont leur envoya son chirur-

gien avec de l'argent et ordre de fournir à tous
leurs besoins. Madame la présidente Lambert leur
fit passer une somme considérable; madame la
maréchale de Montesquiou vint les voir et les assister. Son Altesse mademoiselle de Sens se transporta à la carrière, et contribua par ses encoura-
gements à leur délivrance.

Ils avaient passé les trois premiers jours sans
boire, se contentant de manger un peu de pain,
qu'ils avaient lors de l'accident. Le troisième jour,
leur lumière s'éteignit d'elle-même, et les chandelles qui leur restèrent leur servirent de nourriture en dernier lieu. Après leur délivrance, ils ne
purent manger du pain qu'en très-petite quantité,
et par degrés. Il s'était formé à leur gosier une tu-
meur dont ils se délivrèrent en buvant beaucoup
d'eau. Ils entendaient les coups de pioche au-
dessus de leur tête, et avaient toujours espéré leur
délivrance; ils ne purent jamais dormir, et pas-
sèrent leur temps à prier et à chanter des hymnes
devant leurs petites croix.

Telles étaient, il y a cent ans, les habitudes religieuses des habitants d'Antony.

FIN.

TABLE DES MATIÈRES.

FIN DE LA TABLE DES MATIÈRES.

Corbeil, typ. et stéréot. de Crété.

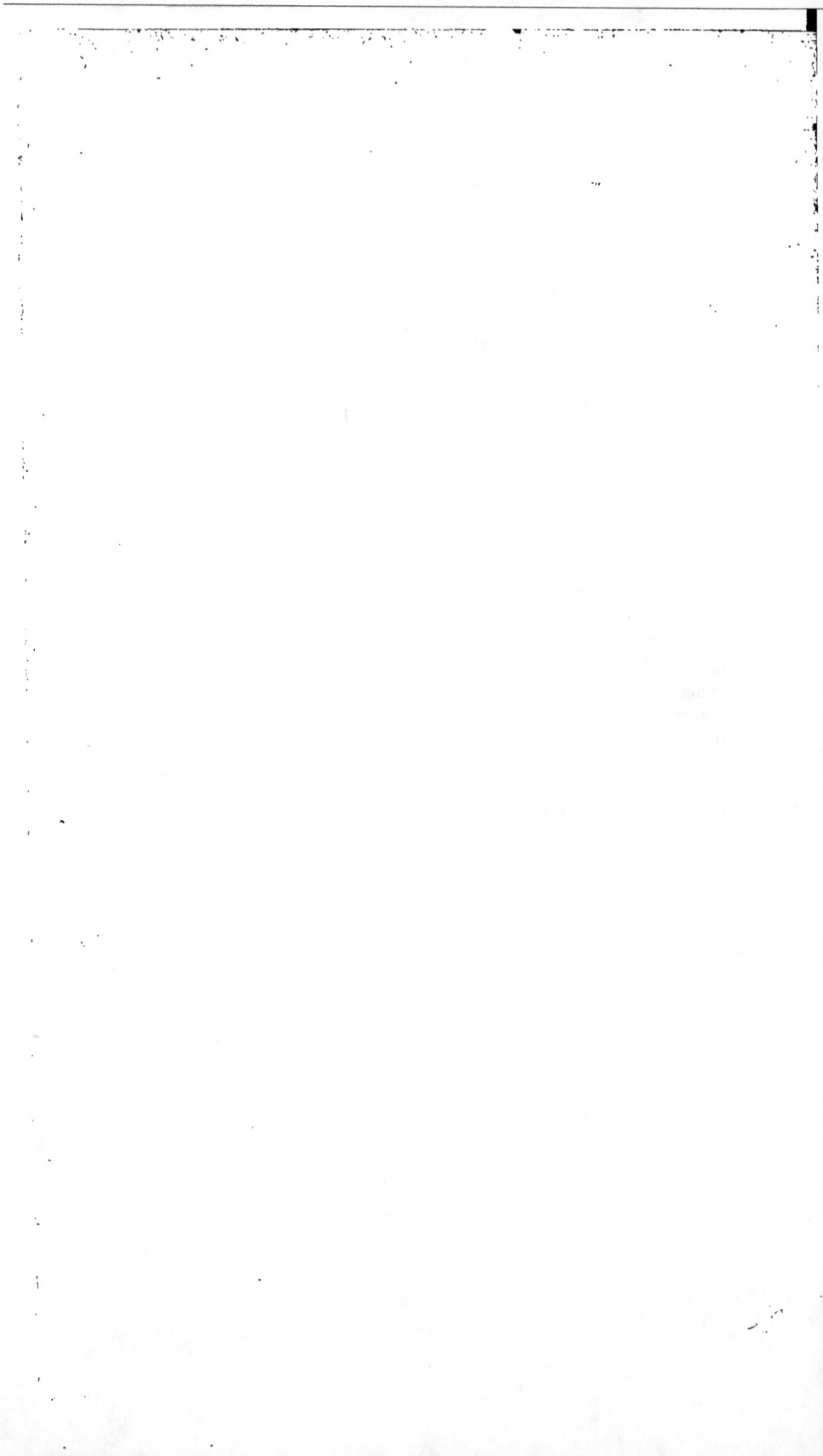

www.ingramcontent.com/pod-product-compliance
Lightning Source LLC
Chambersburg PA
CBHW071912200326
41519CB00016B/4580